Joseph Richter

## Die Frau Lisel oder die schöne Nanette

Ein Roman zum lachen für die Noblesse und zum Nachdenken für die Bürger. 2.

Aufl. Wien, Binz 1795

Joseph Richter

**Die Frau Lisel oder die schöne Nanette**
*Ein Roman zum lachen für die Noblesse und zum Nachdenken für die Bürger. 2. Aufl. Wien, Binz 1795*

ISBN/EAN: 9783743477575

Hergestellt in Europa, USA, Kanada, Australien, Japan

Cover: Foto ©ninafisch / pixelio.de

Weitere Bücher finden Sie auf **www.hansebooks.com**

# Die
# Frau Lisel
## und die
# schöne Nanette.

———

## Ein Roman

zum Lachen für die Noblesse, und zum
Nachdenken für den Bürger.

# Inhalt.

Erstes Kapitel. Ankunft der Fräu
Lisel in Wien. Nimmt Dienste bey
einem Kaufmann. Wird in der Fleischbank mit einem alten Hofrath bekannt.
Ein Graf verliebt sich in sie. Ihre Tugend geräth in Gefahr.                    1

)( 2          Zwei-

Zweites Kapitel. Sie bleibt stand=
haft. Der Graf nimmt seine Zuflucht
zu einer List.. Sie mislingt. Frau Lisel
siegt. 11

Drittes Kapitel. Der Autor er=
klärt einige dunkeln Stellen des vor=
hergehenden Kapitels. Frau Lisel wird
Köchin bey einem Pfarrer. Der Graf
hat seine Rolle ausgespielt. 22

Viertes Kapitel, Der Autor er=
räth die Gedanken seiner Leser. Die
Leser irren sich. Man lernt einen Pfar=
rer kennen, der allen Pfarrern Ehre
macht. Weitere Schicksale der Frau
Lisel. Frau Lisel heurathet einen reichen
Bürger. 32

Fünf=

Fünftes Kapitel. Die Leser werden hier mit dem braven Pfarrer näher bekannt.     48

Sechstes Kapitel. Woher der Namen Frau Lisel komme. Der Faden der Geschichte wird wieder aufgenommen.     53

Siebentes Kapitel. Die Geschichte wird aus dem Archiv der Schmähsucht ergänzt. Der Teufel fährt in die Frau Lisel. Ihr Mann fängt mit einem alten Kavalier zu eifern an.     57

Achtes Kapitel. Es gibt unangenehme Auftritte im Ehstand der Frau Lisel. Ihr Mann, der reiche Herr Jakob bekehrt sich. Die Bekehrung ist

von

von keiner Dauer, Frau Lisel dringt
auf die Ehscheidung. Der Pfarrer er=
scheint als ein Engel des Friedens.     71

Neuntes Kapitel. Für dieses Ka=
pitel allein sollen die geistlichen Herren
einen Gulden bezahlen. Der alte Ka=
valier erscheint. Herr Jakob wird von
seiner Eifersucht geheilt.     82

Zehntes Kapitel. Was die Damen
von der Frau Lisel halten. Der Autor
ist in Verlegenheit. Zieht sich endlich
so — so heraus.     98

Eilftes Kapitel. Der Teufel steckt
noch immer in der Frau Lisel. Sie
macht Plane: fällt aber damit durch.
Herr Jakob zeigt sich als Mann.     102

Zwölf=

Seite

Zwölftes Kapitel. Ein Ungefähr erfüllt alle ihre Wünsche. Herr Jakob macht eine reiche Erbschaft. Sie reisen nach Wien.     110

Dreizehntes Kapitel. Herr Jakob bekömmt Prozeß. Gewinnt ihn. Erlebt noch grössere Freude. Frau Lisel befindet sich in gesegneten Umständen. Die Damen haben einen Minister in falschem Verdacht. Den akademischen Gesellschaften wird eine wichtige Frage vorgelegt.     115

Vierzehntes Kapitel. Der Karakter des Herrn Jakobs und der Frau Lisel wird näher bestimmt. Die Leser irren sich abermal.     127

Fünf=

Fünfzehntes Kapitel. Mit beyden geht eine grosse Verwandlung vor. Es finden sich Schwierigkeiten über Taufs und Zunamen. Frau L. kann nicht schlafen. Sie bekömmt einen guten Gedanken. Herr Jakob wird nobilitirt; hält es aber für Scherz.  134

Sechzehntes Kapitel. Herr Jakob fängt an, wie ein Edelmann zu denken. Wie weit er es darin bringt. Frau Lisel spielt die Dame. Es begegnet ihr ein abscheulicher Streich. Der Autor moralisirt, und Frau Lisel bekömmt Equipage.  144

Siebenzehntes Kapitel. Frau Lisel kömmt in die Wochen. Die Stimme der Natur läßt sich hören. Frau Lisel wird

wird krank. Herr Jakob thut einen
schrecklichen Schwur. 150

Achtzehntes Kapitel. Der Schwur
kömmt nicht in Erfüllung. Die kleine
Nanette bekömmt eine Gouvernannte.
Die Leser werden mit dem Geschmack
des Herrn Jakob bekannt. Frau Lisel
fällt in Ohnmacht. Herr Jakob ist an
allem Schuld. 155

Neunzehntes Kapitel. Herr Jakob will seine Scharte auswetzen. Läßt
etwas aus Frankreich kommen. Gesteht
endlich selbst, daß er lauter Eselstreiche
mache — 167

Zwanzigstes Kapitel. Der Fehler
des Herrn Jakobs wird gut gemacht.

Ein

Ein deutscher Künstler wird belohnt.
Herr Jakob erscheint als Patriot.     171

Einundzwanzigstes Kapitel. Erziehung der schönen Nanette. Herr Jakob kritisirt. Frau Lisel fertiget ihn ab.  175

Zweiundzwanzigstes Kapitel. Besonders Sistem der Frau Lisel über
die schönen Seelen.    Was für eine
Seele die schöne Nanette hatte.    Die
Neugierde der Leserinnen wird erst im
24sten Kapitel befriediget.           178

Dreiundzwanzigstes Kapitel. Der
Pfarrer kömmt nach Wien — Man erwartet komische Auftritte.    Der Autor kann diese Erwartung nicht erfüllen.
Herr Jakob fängt an nachzudenken.    182

Vier-

Vierundzwanzigstes Kapitel. Die
Leserinnen haben sich abermal geirrt.
Die schöne Nanette ist mit Liebhabern
umrungen. Verliebt sich. 193

Fünfundzwanzigstes Kapitel. Herr
Jakob schlagt für die schöne Nanette ei-
ne Partie vor. Wird abgewiesen. Frau
Lisel geht mit grossen Planen um. 198

Sechsundzwanzigstes Kapitel. Es
werden tiefe Blicke ins weibliche Herz
gethan. Herr Jakob behält Recht. 202

Siebenundzwanzigstes Kapitel.
Frau Lisel gibt ein Konzert, und ladet
den hohen Adel dazu — 207

Achtundzwanzigstes Kapitel. Herr
Jakob will der Frau Lisel eine unver-

hofte

hofte Freude machen. Sie fällt übel
aus.
212

Neununzwanzigstes Kapitel. Ein
Kavalier tritt als Liebhaber auf. Herr
Jakob thut abermal, was Frau Lisel
will.
218

Dreißigstes Kapitel. Der Autor
nimmt sich um Herrn Jakob an, und
gibt den Kriminalrichtern ein gutes
Beyspiel.
223

Einunddreißigstes Kapitel. Die
schöne Nanette zeigt sich von einer sehr
schönen Seite.
138

Zweiunddreißigstes Kapitel. Der
Marquis hält um die schöne Nanette
an.

an. Frau Lisel wird abermal roth. Ihre Tochter ist ein Muster des Gehorsams. 231

Dreiunddreißigstes Kapitel. Gecken und Schurken lieben die Gesellschaft rechtschaffner Frauenzimmer nicht. Herr Jakob macht wieder einen grossen Eselstreich. 236

Vierunddreißigstes Kapitel. Der Autor entschuldiget ihn abermal, so gut er kann. So sucht er auch die Ehre des jetziges hohen Adels zu retten. 242

Fünfunddreißigstes Kapitel. Herr Jakob wird um sein ganzes Vermögen geprellt, und faßt einen verzweifelten Entschluß. 245

Sechs-

Sechsunddreißigstes Kapitel. Wird durch einen sonderbaren Zufall vom Tod errettet. Kehrt nach Wien zurück.    249

Siebenunddreißigstes Kapitel. Der Autor gibt von dem Vermögenszustand des Herrn Jakobs Rechenschaft.    253

Achtunddreißigstes Kapitel. Es folgt Traurigkeit auf Traurigkeit. Die schöne Nanette behält ihren schönen Karakter.    255

Neununddreißigstes Kapitel. Ein neuer Unglücksstreich schlägt Herr Jakob zu Boden —    261

Vierzigstes und Letztes Kapitel. Es erscheint ein Erlöser. Alle werden glücklich, und der Roman hat ein Ende.    263

Wenn die erste Auflage vergriffen ist, so ist es die Gewohnheit, daß man von Büchern, die auch für die Folge noch guten Absatz versprechen, eine zweyte Auflage mache. Dieß war also auch der Fall bey gegenwärtigen Romane — Ich sollte mir auch um so mehr mit einer gütigen Aufnahme dieses Werkes schmeicheln, da der Hr. Verfasser einige wesentliche Verbesserungen damit vornahm; und da überhaupt, seit dem Zeitpunkte der erstern Auflage, gleichsam eine neue Lesewelt hervor

vor getreten ist. Endlich sollte auch der Nebenumstand, daß dieser Roman ein Product des Verfassers der beliebten Eipeldauerbriefe ist, dem Werkchen zu einem kleinen Empfehlungsschreiben dienen.

Der Verleger.

# Erstes Kapitel.

Ankunft der Frau Lisel in Wien. Nimmt Dienste bey einem jungen Kaufmanne. Wird in der Fleischbank mit einem Hofrathe bekannt. Ein Graf verliebt sich in die Frau Lisel. Ihre Tugend geräth in Gefahr.

Es war ungefähr zwei Jahre nach Kaiser Karl des 6ten Tode, als unsre Frau Lisel, in Gesellschaft eines Offiziers vom Trenkischen Freykorps, mit einem Regensburgerschiffe gleich so vielen an=

A      dern

dern Bayern, Pfälzern, Schwaben und andern Gliedern des H. römischen Reiches auf der Donau nach Wien geschwommen kam.

Sie war damal in ihrem 16ten Jahre, ungemein schön, und dabey so züchtig, daß sie sogar den Offizier, der doch bey einem F r e y k o r p s gedienet hatte, in den Schranken der Ehrbarkeit zu halten wußte.

Bey ihrer Ankunft nahm sie ein junger Kaufmann, der eben an der Donau spazieren gieng, und durch ihr sittsames Wesen gerührt ward, mit sich nach Hause. Er war ein Liebhaber von Mehlspeisen. Darin war sie nun Meister. Als er aber nach und nach gewisse ihr ganz unbekann=

te

te Fleiſchſpeiſen verlangte, begehrte ſie
ihren Abſchied.

Ein alter, fremder Hofrath hatte die
Frau Liſel, die man durch und durch die
ſchöne Bayerin zu nennen anfing,
verſchiedenemale in der Fleiſchbank angetroffen. Ihre Sittlichkeit gefiel ihm.
Sie hatte alſo diesmal kaum das Markt-
ſäckchen unter ihrer Schürze, als er ihr
durch ein Seitengäßchen nachſchlich, ſich
bis an die Naſe in ſeinen rothen Mantel
verhüllte, und ihr dann ins Ohr flüſter-
te: Nicht wahr, eine Bayerin, ſchönes
Kind?

L. Zu dienen, mein Herr —
H. Hätte ſie wohl Luſt in meinen
Dienſt zu treten —? Ich bin Hofrath —

L.

L. Ich möchte wohl: wenn ich nur Geschicklichkeit genug habe —

H. Bey wem dient sie denn?

L. Bey einem Kaufmann —

H. O dann kann sie auch für einen Hofrath kochen — — Sie weiß doch auch Dampfnudel zu machen, und noch was?

L. O ja, mein Herr! Dampfnudel, und noch was — —

Sie wurden also des Handels eins, und unsre schöne Bayerin war nun Köchin bey einem Hofrathe. Sie hatte hier sehr gute Tage. Der gnädige Herr verlangte nicht viel, und die gnädige Frau war mit allem zufrieden. Es gab aber schon damal so unverschämte Gäste, und Tischfreunde, die sich nicht damit be-
gnü-

gnügen, daß ihnen der Herr vom Hause
seine Speisekammer und seinen Weinkel=
ler auf Gnade und Ungnade überläßt,
sondern ihre gierigen Hände nach noch
weit kostbarern Gütern ausstrecken, und
das ganze Haus für ihr Eigenthum
halten,

Sie hatten also kaum die schöne Kö=
chin gewittert, so machten sie sich tau=
send Dinge in der Küche zu thun; und
da hätte die schöne Bayerin wirklich
zwanzig Hände haben müssen, um sich
vor den Anfällen zu schützen, die diese
Herren, während sie den Butterteig ab=
rührte, oder die Schokolade sprudelte,
oder den Bratspieß drehte, oder sich um
Holz bückte, auf ihr Halstuch, auf ihre
rothen Strümpfe, und überhaupt auf

ihre

ihre Sittsamkeit machten. Ihre Tugend
gerieth aber bald auf eine noch weit ge=
fährlichere Klippe.

Ein wegen seiner Galanterien sehr be=
rühmter *) Graf guckte eben mit dem Per=
spektive zum Fenster hinaus, als die schö=
ne Bayerin in ihrer Sonntagsjacke
über den Platz gieng. Ihre Tracht war
freylich nicht sehr vortheilhaft. Ein Mie=
der, das bis an das Kinn hinauf reichte,
und dabey so geräumig, daß leicht zwey
von unsern jetzigen Stubenmädchen da=
rin Platz hätten; eine Jacke, die den
schö=

---

*) Man beliebe sich zu erinnern, daß sich
diese Geschichte zwey Jahre nach Karls
VI. Tode ereignete; denn der Verfas=
ser wäre untröstlich, wenn man so lieb=
los handeln, und darin Anspielungen
auf unsere Zeiten suchen sollte.

schönen Wuchs um die Hälfte verkürz=
te; Strümpfe von so dichten und fe=
sten Faden, daß sie unserer Militärökono=
mie Ehre machten, und endlich ein Paar
für die Ewigkeit verfertigte Schuhe, in
denen die flinkste Solotänzerin, und selbst
die reizende Vigano den schwerfälli=
gen Gang eines Sänftenträgers gehen
müßte. Auch bestand die ganze Kleidung
aus gemeinem Hauszeuge. Die weib=
lichen Dienstbothen besaßen damal noch
das Geheimniß nicht, bey einem Lohn
von 16 und 20 fl. sich, gleich ihren Ge=
bietherinnen, in kostbaren Seidenstoff zu
kleiden, oder hatten wenigstens noch zu
viel Ehre im Leibe, um ihre Fehltritte
und Ausschweifungen selbst anzukünden.

Allein so wie ein erfahrner Juwelen=
jude

jube nicht auf die Fassung, sondern nur
auf die eigenthümliche Schönheit des
Steines sieht, so war auch der galan=
te Graf ein viel zu feiner Kenner, um
nicht beym ersten Perspektivblicke den
ganzen innerlichen Werth der schönen
Bayerin zu durchschauen. — Daß
er aber nach dieser Entdeckung nichts
werde versäumt haben, sie in einer Fer=
ne, wozu man kein Perspektiv braucht,
zu sehen, läßt sich daraus abnehmen,
daß unsre Frau Lisel von dieser Stun=
de an seinen Kuppler an ihrer Seite
hatte.

Doch auch diese Kunst mußte entwe=
der damal nicht, wie in unsern aufge=
klärten Zeiten, auf den hohen Grad der
Vollkommenheit gestiegen seyn, oder
Selbst=

Selbstschätzung und Schamhaftigkeit
hatten noch einen zu dauerhaften Wall
um das Herz der Schönen gezogen;
man war nach einer monatlangen Be-
lagerung, der Festung nicht um einen
Schritt näher gekommen.

Glatte, ins Herz schleichende Worte,
süße, die Eigenliebe kitzelnde Schmei-
cheleyen, prächtige, die Eitelkeit reitzen-
de Geschenke fanden, wie die schwim-
menden Batterien der Spanier, hier ihr
Gibraltar. Was jetzt Stubenmädchen hinschmelzen macht, Fräuleins zur
Uebergabe nöthigt, und selbst unsre sprö-
den Damen zum Wanken bringt, konnte damals die Tugend einer bayerischen Köchin nicht erschüttern, und
der verliebte Graf mußte seine Zuflucht
zu

zu einer List nehmen, die so plump war,
daß sich in unsern Zeiten sogar die bekannten Grabenstutzer ihrer schämen
würden.

Ich kann zwar so eigentlich nicht sa=
gen, ob diese List die Erfindung des
Grafens, oder das Werk seines Kupp=
lers war; was es aber immer gewe=
sen seyn mag, so zeigt doch der Aus=
gang, daß er oder sein Rathgeber das
weibliche Herz sehr einseitig beurtheil=
ten, und daß Geld und Adel nicht im=
mer der Schlüssel zum Gunstkabi=
net der Schönen sey.

———————

Zweytes

# Zweytes Kapitel.

Die Frau Lifel bleibt ſtandhaft. Der Graf
nimmt ſeine Zuflucht zu einer Liſt. Sie
mislingt. Frau Lifel ſiegt.

Es war eine Stunde nach Mitternacht.
Unſere ſchöne Bayerin lag feſt in den Ar=
men des Schlafes, und träumte eben
vom groſſen Schnurbarte des Offiziers,
mit dem ſie nach Wien geſchwommen
war, und den jungferräuberiſchen Pan=
duren, als man an die Küchenthüre klopf=
te. Sie erwachte, erinnerte ſich, daß der
Kaminfeger an dieſem Morgen käme,
ſchloß alſo ohne Bedenken auf, und
ſchlüpfte wieder in die Federn.

Sie

Sie war noch halb im Schlafe, sonst hätte sie wohl bemerken müssen, daß dieß kein gemeiner Kaminfeger wäre. Er trug ein Kleid von schwarzem Sammet, eine Kelle von Silber, und in der Hand eine venetianische Blendlaterne.

Doch sie hatte sich kaum zugedeckt, so fühlte sie eine kleine Erschütterung an ihrem Bette — Sie rieb den Schlaf aus den Augen, und sah zu ihrem Erstaunen, daß der schwarze Gast, anstatt nach dem Kamine zu steigen, in ihr Bett stieg. Das schöne Geschlecht ist stark, wenn es will. Muthig, wie eine Amazone, packte sie ihn an der Brust, und schleuderte ihn z'n Bette hinaus, daß er über sechs Schritt auf den Boden hinbur-zelte; und ehe er sich von seinem Falle er=

erholte, war sie auf den Beißen, und im Unterrocke.

Nun möcht' ich wirklich auf einen Augenblick Wieland, oder sonst einer unsrer mahlerischen Dichter seyn, um meinen Lesern das Gemisch von Erstaunen, Verwunderung, Schüchternheit, Neugierde und edlem Zorne, das in gleichem Nu auf dem Gesichte der schönen Bayerin zu lesen war, recht anschauend zu schildern.

Mit aufgesperrtem Maul und Augen starrt sie nach ihrem Kaminsteiger hin; sah sein Kleid von Sammet, und rothe Absätze an seinen Schuhen; merkte nun, daß es kein gemeiner Kaminfeger sey, und auf was es bey ihr abgesehen war.

Wer

Wer er doch seyn mag? dachte sie bey
sich; und so ließ sie, wenn ihr gleich
Furcht und Schrecken zur Flucht riethen,
Vorwitz und Neugierde nicht von der
Stelle.

Der Graf (denn meine Leser werden
nun wohl errathen haben, daß er es
war) der bey seinen verliebten Belage=
rungen noch nie die Sturmleiter hinab=
geworfen wurde, kam endlich auch von
seinem Erstaunen zu sich, und raffte
sich, so gut er konnte, von der Erde
auf; und weil er sah, daß seine List
fehlgeschlagen habe, und Gewalt hier
vergebens sey, so wollte er den Weg
der Unterhandlungen versuchen.

Er wußte aus Erfahrung, wie sehr
es

es die Eitelkeit gemeiner Weiber kizle,
wenn sie von einem Grafen geliebt wer=
den, und zweifelte keinen Augenblick an
ihrer Niederlage, sobald er sich in eige=
ner Gestalt zeigen würde. — Er warf
also die Kapuze von sich, und brachte
seinen gräflichen Kopf in einer gepuder=
ten Perrücke zum Vorschein.

Nun war mit einemmal Furcht und
Schrecken aus dem Herzen der schönen
Bayerin weg. Ein Kaminfeger in einer
gepuderten Perrücke war für sie eine so
neue und zugleich so komische Figur, daß
sie darüber alles andere vergaß, und,
ohne sich zu erinnern, daß sie noch immer
in einem bloßen ziemlich kurzen Unterröck=
chen dastand, sich, die Hände in die Sei=
te, vor den Grafen hinstellte, und ihm so
laut

laut und zugleich) so spöttisch unter die
Nase lachte, daß er hätte bersten mögen.
Seine Liebe wär auch sicher in Haß über=
gegangen, hätte nicht ein hüpfender, nur
halb verhüllter Busen, trotz des besten
Blasebalges, sein Herz in Flammen er=
halten.

Er machte also die albernste Figur, die
je ein verliebter Graf vor einer Köchin
gemacht hat. Der Held, dessen bloßer
Blick sich alle Herzen unterwarf, der
durch seine geschmackvolle Perrücke und
seine Pariserschuhe selbst dem klügern
Theile des schönern Geschlechts den Kopf
verrückte, sah nun seine vorzüglichsten
Reitze verlacht und verspottet, und sich
gezwungen, das Gewehr vor einer
bayerischen Köchin zu strecken.

Grau=

Grauſame! ſchrie er, ſeufzend, war es dir nicht genug, meine Geſchen= ke zu verſchmähen, und mich vor Sehn= ſucht ſterben zu laſſen? Mußt du mich nun, da ich um deinetwillen meine Ehre, mein Leben wage, auch noch durch Spott und Verachtung quälen? — Und nach dieſem pathetiſchen Ausrufe kam es zu folgendem Geſpräche:

K. So! Sie ſind alſo der Herr, der mir die ſchönen Sachen alle ſchick= te? Nu! das iſt mir recht lieb, daß ich Sie kenne. Aber ſagen Sie mir doch, was wollen Sie denn von mir? (immerfort lachend.)

G. Was ich will? Unempfindliche Spötterin! Was jeder wollen muß, der Dich ſieht — Dein Herz — Deine

B                    Liebe

Liebe — Deinen Kuß. — — Sieh,
hier zu deinen Füſſen will ich — —

K. Pfui! ſtehn Sie auf.  Was wür=
de Ihre Frau oder Ihre Amantinnen da=
zu ſagen, wenn ſie ſehen ſollten, daß
Sie vor einer Köchin niederknien? Den=
ken Sie nur, daß Sie ein gnädiger
Herr ſind.

G. Der bin ich; aber wär' ich Herr
der Welt, ſo würde ich mein Glück zu
Deinen Füſſen legen.

K. Ha! ha! Da würd ich ja auf
einmal eine große Frau. — — Doch
à propos, woher haben Sie denn das
ſchöne Rauchfangkehrer = Gewand?

G. Ich ließ es Deinetwegen verfer=
tigen, Undankbare.  Die Liebe zu Dir
gab mir dieſe Erfindung, dieſe Liſt
ein.

K.

K. Wegen meiner? ha! ha! da ist
es wirklich Schade um den schönen
Sammet. Aber eine Perrücke zum Rauch=
fangkehren — ha! hi! Nehmen Sie
mirs nicht übel; aber ich kann unmög=
lich anders — ich muß lachen, so oft
ich Sie anschaue — — und hier brach
sie wieder in ein so unmäßiges Ge=
lächter aus, daß sie sich die Hüften
halten mußte. — — — — — —


Wir werden nun sehen, daß gleiche
Ursachen nicht immer gleiche Wirkungen
hervorbringen. Der Graf, den der er=
ste Ausbruch ihres Gelächters fast zur
Verzweiflung brachte, hielt nun den
zweiten für ein Signal zum Siege.


Er erinnerte sich aus seiner Praxis,
daß

daß Lachen die Kräfte zum Widerstande
benehme, und daß überhaupt alle Mädchen und Weiber, die gerne lachen, sehr
leicht zu überwinden seyen.  Er glaubte
sicher, daß nun seine Schäferstunde schlü-
ge; stürzte also, ohne Zeit zu verlieren,
auf unsre schöne Bayerin hin; schloß sie
in seine Arme, und hätte vielleicht seinen
Endzweck erreicht, wenn er stärker, oder
unsre Heldin weniger tugendhaft gewesen wäre.

Sie fühlte sich aber kaum umschlungen,
so gab sie ihm die kleine Lektion, daß keine Regel ohne Ausnahme sey.  Ein ein-
ziger Stoß von ihrem kraftvollen Arme
war hinlänglich, sie von ihrem Raub-
bärn los zu machen.  Als er aber (denn
er hielt diese ernsthafte Zurechtweisung

für

für eine gewöhnliche Grimaſſe) einen
zweiten Angriff wagte, und dabei alle
Grenzen der Ehrbarkeit überſtieg, langte
ſie nach einem vollen Waſſerzuber, und
goß ihm denſelben unter immer anhal=
tendem Gelächter über die gepuderte Per=
rücke; ſchob ihn hierauf, eh er von ſei=
ner Betäubung ſich erholte, zur Thür
hinaus; ließ das Schloß ab, und legte
ſich, ohne ſich weiters um ihn zu beküm=
mern, zu Bette.

Und hier wollen wir ſie auch bis zum
nächſten Kapitel ruhen laſſen.

Drit=

# Drittes Kapitel.

Der Autor erklärt einige dunkle Stellen des
vorhergehenden Kapitels.   Frau Lisel
wird Köchin bey einem Pfarrer.

Meine Leser werden im vorhergehenden
Kapitel vieles dunkel, und Manches so=
gar unwahrscheinlich finden   Wie konn=
te der Graf in das Haus kommen? und
wenn er hinein kam, wie konnte er diese
Gewaltthätigkeit wagen? werden sie
sich denken.   Ich will also das immer nur
mögliche Licht über diese Geschichte ver=
breiten.

Ich hatte gleich anfänglich diese List
des Grafens selbst plump genannt; in=
dessen war der Plan nicht ganz ohne alle
Ueber=

Ueberlegung angelegt; nur ging es ihm
dabey, wie es schon manchem Feldherrn
gegangen war, der alle Fälle berechnete,
den einzigen ausgenommen, durch den er
geschlagen wurde.

Der Graf war, wie Sie schon gehört
haben, (was nämlich die Feldzüge der
Liebe anbelangte) in ganz Wien für den
stärksten Taktiker bekannt. Seine
Eigenliebe konnte es also nicht verschmer=
zen, daß ihm ein gemeines Mädchen,
ohne Erziehung und Geburt, Wider=
stand hielt, da ihn doch so viele Schönen
von Geburt und Erziehung für ihren
Sieger erkannten. Indessen war er weit
davon entfernt, dieses Widerstreben, die=
ses Zurückweisen verführerischer Geschen=
ke für etwas anders als für das gewöhn=
liche

liche Geziere zu halten. Weibliche Tugend
war ihm ein Name ohne Bedeutung, und
Tugend an einer Köchin das lächerlichste
und zugleich unmöglichste aller Dinge.

Er glaubte also, daß der Kommandant
dieser Festung (die weibliche Schamhaf=
tigkeit) nur auf einen ernstlichen Sturm
warte, um sich auf gute Art zu ergeben,
und sich dann vor der strengen Vernunft
wegen der Uebergabe einigermaßen recht=
fertigen zu können. Daher suchten seine
Spürhunde, mit denen er besser, als
mancher Feldherr mit Spionen versehen
war, unter allen nur möglichen Vor=
wänden die schöne Köchin in sein Garten-
haus, oder an einen dritten sichern Ort
hinzulocken. Da sie aber das schüchter=
ne Wild auf keine Art ins Freye zu brin=
gen

gen vermochten, und seine Begierde durch
diese Hartnäckigkeit nur immer mehr ge-
reitzt wurde, nahm er sich vor, es koste,
was es wolle, das Wild im eignen Lager
aufzusuchen.

Nun mag er vielleicht durch seine Aus-
späher erfahren haben, daß die Küche,
worin die schöne Bayerin schlief, von
den übrigen Wohnzimmern so abgelegen
wäre, daß sie, sie möchte nun zum Schei-
ne oder im Ernste um Hülfe schreien, von
Niemanden könnte gehört werden. Es
blieb also blos die Schwierigkeit übrig,
bey Nacht in das Haus, und dann in die
Küche selbst zu kommen; denn die Schöne pflegte der Lüsternheit einiger Haus-
freunde, die einmal Nachts die Rolle der
Drude bey ihr spielen wollten, von
nun an einen Riegel vorzuschieben.

In

In dieser Verlegenheit mußte die Idee
von der Maske eines Kaminfegers natür=
lich allgemeinen Beyfall finden. Einem
Kaminfeger muß jede Köchin die Thür
öffnen; dann sind sie immer auf diesen
Besuch vorbereitet, und ganz verdacht=
los. Er kann also, ohne Argwohn zu
erregen, um die Festung herumschleichen,
und da die Sturmleiter anlegen, wo der
Feind am meisten seine Schwäche bloß
giebt. Der zweite Vortheil wär, daß er
bey dieser Unternehmung nicht in eigner
Gestalt erscheinen dürfte, und Falls es
doch zu gewaltsamen Mitteln kommen
sollte, er solche doch lieber wie Kaminfe=
ger, als wie Graf anwenden mochte.
Sie werden also, nachdem der ganze
Operationsplan ins Reine gebracht wor=
den, den Tag abgewartet haben, wo

der

der wirkliche Kaminfeger zu kommen
pflegte. Ob sie sich aber dann Abends
ins Haus geschlichen, oder, welches
wahrscheinlicher ist, den Hausmeister
(die eben nicht sehr unbestechlich sind)
und den Bedienten des Hofraths durch
Geld gewonnen hatten, ist schwer zu ent=
scheiden. So viel ist aber gewiß, daß sie
nicht zum Schlüsselloche hinein kamen,
und daß der Graf, da er die Austreibung
des Tugendteufels einzig und allein auf
sich nahm, die Niederlage der schönen
Bayerin und seinen Sieg für unfehlbar
gehalten habe.

Ich glaube nun das Unwahrscheinliche
und Wunderbare dieser ganzen Scene so
ziemlich gehoben zu haben, und da mei=
nen Lesern das übrige noch vom vorher=
gehen=

gehenden Kapitel in frischem Gedächtnis-
se ist, so wollen wir uns wieder nach unserer schönen Bayerin umsehen.

Diese war mit dem ersten Sonnenstra-
le aus den Federn, und dachte nun dem
nächtlichen Besuche nach. Es war ihr
alles wie ein Traum, und sie hätte es
auch sicher für einen gehalten, wäre nicht
das Waſſer, mit dem sie die gräflichen
Flammen gedämpft, in der Küche herum
geronnen, und die venetianische Blendlaterne nicht noch auf dem Feuerherde ge-
standen.

So sehr sie diese Siegeszeichen von
der einen Seite freuten, so sehr zitterte sie
vor den Folgen, die dieser Sieg für ihre
Tugend haben könnte. Sie besorgte, der
Graf

Graf werde bald zu noch gewaltsamern Mitteln schreiten, und sie endlich das Opfer davon seyn. Vielleicht traute sie auch ihrem eignen Herzen nicht; denn sie mochte wohl fühlen, daß sie, wie jedes Weib, ihre schwachen Stunden habe, und daß die Kraft, die diesmal ihren adelichen Liebhaber zurückstieß, denselben in solchen w e i b l i c h e n Augenblicken an sich ziehen dürfte.

Ihre Besorglichkeit wurde noch mehr durch den Verdacht vergrößert, daß Jemand von den Hausleuten mit dem Grafen im Verständniß sey: wie hätt' er sonst Nachts zur Hausthüre herein kommen können? Sie hielt sich also in diesem Hause nicht mehr sicher; bat um ihre Entlassung, und wurde, um ihre Tugend

auf

auf immer in Sicherheit zu ſetzen, Kö=
chin bey einem Pfarrer.

Was wurde aber aus dem Grafen?
Davon weiß ich Ihnen wirklich keine
Auskunft zu geben.  Da aber unſre ſchö=
ne Liſel die wenigen Tage, die ſie noch in
der Stadt zubrachte, weder von ihm,
noch von ſeinen Kupplern etwas ſah
und hörte, ſo bleibt es ſehr wahr=
ſcheinlich, daß das kalte Waſſer ſeine
Glut ſo ziemlich abgekühlet habe, oder
daß er, wenn er doch mit Rache um=
ging, die ſchlaue Feindin durch dieſe
anſcheinende Bekehrung einzuſchläfern
ſuchte.

Der Graf hat alſo in dieſer Geſchichte
ſeine Rolle ausgeſpielt.  Ich laſſe es je=
dem

dem Leſer über, ſich daraus ſo viel Moral
zu ziehen, als ihm beliebt, und kehre wie=
der zur Frau Liſel zurück.

———————

Vier=

# Viertes Kapitel.

Der Autor erräth die Gedanken seiner Leser.
Die Leser irren sich. Man lernt einen
Pfarrer kennen, der allen Pfarrern Eh=
re macht. Weitere Schickſale der Frau
Liſel. Frau Liſel heurathet den reichen
Herrn Jakob.

Wenn meine Leſer und Leſerinnen auf=
richtig gegen mich ſeyn wollten, ſo wür=
den ſie mir geſtehen müſſen, daß ſie über
den Entſchluß unſrer ſchönen Bayerin
gewiß gelacht, oder wenigſtens gelächelt
haben. Es iſt auch gar nicht ſchwer,
die Urſache dieſes Lachens oder Lächelns
zu errathen; indeſſen werden ſie bald ſe=
hen,

hen, daß ihr Verdacht ohne allen Grund
war.

Es hat freylich (wenigstens nach der
Behauptung der bösen Welt) Pfarrer ge=
geben, und giebt ihrer vielleicht noch,
bey denen weibliche Tugend nicht am si=
chersten aufgehoben wäre; daher auch
die böse Welt, so oft von einer jungen
frischen Pfarrerköchin die Rede ist, im=
mer noch einen andern Begriff damit ver=
bindet; allein es ist mehr als unchrist=
lich, wegen dieses oder jenes unexempla=
rischen Seelenhirten jeden Pfarrer für ei=
nen heimlichen Sünder, und jede junge
Pfarrerköchin für ein Ens dupplex zu
halten.

Ich weiß also die Ehre des Pfarrers,
C                    bey

bey dem die ſchöne Bayerin ihre Tugend
auf immer in Sicherheit brachte, nicht
beſſer zu retten, als wenn ich meinen arg=
wöhniſchen Leſern und Leſerinnen den
Umſtand ſage, daß dieſer nämliche Pfar=
rer ſchon im dritten Jahre an Händ und
Füſſen lahm war.

Sie war alſo nicht ſo ſehr Köchin, als
Krankenwärterin, und mußte den größ=
ten Theil des Tages an ſeinem Bette zu=
bringen.  Sie wußte ſich auch in ſeinen
Humor, der bey einer Krankheit, wie
dieſe, nicht der angenehmſte geweſen ſeyn
mag, ſo gut zu ſchicken, daß ſie ſeine
ganze Zuneigung gewann.

Sie war auch kaum wenige Monate
bey ihm, ſo fing es an, ſich mit ihm zu
beſ=

beſſern, und eh' ein Jahr um war, konn=
te der Pfarrer wieder der Wirthſchaft
nachſehen, den Zehend eintreiben, und
den Bauern das Wort Gottes predigen.

Der Dorfbader ſchrieb dieſe glückliche
Kur ſeiner Wunderſalbe zu; der Pfarrer
aber ſagte es frey heraus, daß er ſeine
Geneſung, nach der Gnade Gottes, der
Sorgfalt und der guten Wartung ſeiner
Köchin zu verdanken habe.

Die geiſtlichen Herren ſtehen ſonſt
(aber freylich nur wieder nach) dem Rufe
der böſen Welt) nicht ſehr im Ruhm der
Freygebigkeit, und man will ihnen nach=
ſagen, daß ſie um ſo karger ſeyen, je rei=
cher ſie ſind. Indeſſen war unſer Pfar=
rer auch hier eine Ausnahme. Er ſchenk=

te

te seiner schönen Krankenwärterin eine
Obligation von 2000 Gulden, und ver=
heurathete sie, um jeder zweydeutigen
Auslegung vorzubeugen, so bald er sich
vollkommen bey Kräften fühlte, an einen
sehr vermöglichen Bürger des benachbar=
ten Städtchens.

Doch ich dächte, es wäre besser, ich
laffe sie selbst reden.

(Der Pfarrer sitzt in seiner Sommer=
laube. Die schöne Köchin reicht ihm ein
Gläschen mit Tokayer.)

Pf. Gott sey gedankt, Mädchen!
Ich fühle mich mit jedem Tage mehr bey
Kräften. Es ist mir nicht anders, als
käm' mit jedem Tropfen dieses göttlichen
Wei=

Weines neues Blut in meine Adern. Ich
habe heute das erstemal allein, und ohne
mich auf meinen Stab zu stützen, durch
die Weingärten einen weiten Spazier=
gang gemacht. — Mir ist wie einem Ge=
fangenen, der sich nach einem jahrelan=
gen Arreste wieder in Freyheit sieht. —
Was ist die Gesundheit nicht für ein gro=
ßes Gut, und doch achten wir ihrer so
wenig, so lang wir sie besitzen.

K. O Herr Pfarrer, ich kann Ihnen
gar nicht sagen, wie sehr es mich freut,
daß es Ihnen wieder so wohl geht. —
Man sieht Sie ordentlich gesund werden.
Gestern hatten Sie noch eine kränkliche
Farbe; aber heut sehen Sie aus, wie's
Leben.

P. Aber der Herr Jakob, der öfters
mit dir Kranken wartete, sieht doch noch
besser

beſſer aus? (ſie etwas ſchalkhaft anlä=
chelnd.)

K. Der reiche Herr Jakob, der Sie in
Ihrer Krankheit ſo oft beſuchte. und oft
zu Tagen bey Ihnen blieb?

P. Eben dieſer — aber woher weißt
du denn, daß er reich iſt?

K. Man nennt ihn ja durchaus den
reichen Jakob — —

P. Und ſo etwas merkt ihr Mädchen
euch gleich — — Nicht wahr?

K. Sie thun mir unrecht, Herr Pfar=
rer.

P. Vielleicht nicht ſo ganz; denn ich
denke immer, daß die Krankenwärterin
mehr Theil an ſeinen Beſuchen hatte, als
der Kranke —

K. Da könnt' ich ihm recht gram ſeyn.

P. Sonſt aber wärſt du ihm gut?

K.

K. Natürlich, er ist ja Ihr Freund.

P. Du bist doch auch ein Mädchen, wie alle übrigen. Immer weichet ihr aus, wenn man euch an eure Geheimnisse will; aber ihr bedenket nicht, daß eben dieses Ausweichen an euch zum Verräther werde. Ich möchte, daß du mich verständest, oder dich wenigstens nicht anstelltest, als verständest du mich nicht.

K. Ich versteh' Sie wirklich nicht, Herr Pfarrer — —

P. Nun so muß ich wohl deutlicher reden. Möchtest du den reichen Jakob zum Manne haben?

K. (mit gezwungenem Lachen) Sie sind heute doch bey recht gutem Humor, Herr Pfarrer — —

P. Schon wieder einen Seitenschritt — gerade heraus — Willst du ihn?

K.

K. (noch lauter lachend) Wär's dann hier auch blos um mein Wollen zu thun?

P. Freilich müßt' auch er dich wollen, sonst möcht' ich selbst dein Wollen nicht haben. Das erste sollst du aber fast bes=ser wissen, als ich. — — Hast du ihm denn nie ins Aug gesehen, oder bemerkt, wie er zitterte, wenn er das Glas halten mußte, und du Mandelmilch einschenk=test? oder wie er gar nicht aufhören konnte, jede Speise zu loben, die du ge=macht hattest? Du wirst roth?

K. Das werd' ich sehr leicht, Herr Pfarrer. — Aber diesmal könnt' es auch aus Verdruß seyn. — — Denn ich seh' nun wohl, daß Sie mich nicht länger in Ihrem Hause wollen —

P. Du weißt nur zu gut, daß dies nicht wahr ist. Wenn du endlich sagtest:

nicht

nicht weiter behalten ka nn, so möch=
test du vielleicht Recht haben. — Du
bist zu schön, um nicht alle Weiber der
Nachbarschaft zum Neide aufzureitzen,
und ich bin, wie du selbst siehst, nun
nicht mehr lahm. Deine Aufführung
möchte also noch so tadellos seyn, so
würdest du der Schmähsucht nicht ent=
gehen. — Und was die Weiber von
deiner Seite thun, das würde von
meinen geistlichen Amtsbrüdern mir zu
Ehren geschehen; wenn vielleicht auch
nicht einer unter ihnen ist, der dich
nicht selbst gern zur — Köchin hätte.
Doch wär' auch dies alles nicht, so
müßten wir doch von einander; denn
schau Mädchen, ich halt es einmal für
Sünde, unsrer Bequemlichkeit oder Zu=
neigung wegen Jemanden an seinem
Glücke

Glücke zu hindern — — — Du möch=
test mir wieder aus Verdruß roth wer=
den, wenn ich dein Herz neuerdings
wegen des reichen Herrn Jakobs aus=
zuholen suchte. — Aber so viel muß ich
dir sagen, daß er dich gern zu seinem
Weibe hätte, und daß er mir wohl gar
zugemuthet habe, den Unterhändler zu
machen —

K. Und Sie haben es, wie ich sehe,
auch treulich gethan.

P. Das ist noch nicht alles. Ich hab'
ihm auch bereits zugesagt, daß er dich
haben soll. Er kömmt auch heute Mit=
tags zu uns herüber gefahren. Da
gebt ihr euch denn das Wort, und in
vierzehn Tagen die Ringe; denn die
Herzen, dächt' ich, habt ihr ohnehin
schon

schon unter euch) ausgewechselt. — Du bist doch mit allem zufrieden?

K. (herzlich lachend) Das Ding geht ja so geschwind aufeinander, daß ich nicht einmal Zeit fände, nein zu sagen. —

P, Endlich einmal das Fiat! Das braucht was, bis ihr mit euern Geheimnissen herausrücket, Könntet ihr fremde so gut verwahren, ihr wäret nicht mit Geld zu bezahlen. — Doch wir müssen noch einen andern Punkt ins Reine bringen. Es ist einmal die Gewohnheit unter uns Pfarrern, daß wir unsern Köchinnen, sie mögen sich nun selbst einen Mann gesucht, oder wir mögen einen für sie gesucht haben, für ihre treuen Dienste eine angemessene Aussteuer geben, — — Die Welt-
leute

leute machen freylich verschiedene Glos=
sen über diese Freygebigkeit; und mei=
ne Mitkollegen ziehen einander selbst
über die treuen Dienste auf; indessen
mußt doch auch du diese kleine Aus=
steuer von mir nehmen. Keine Prote=
station! (gibt ihr die Bancoobliga=
tion) Denn ich möchte doch wissen,
was Arges die Welt von uns beyden
auch nur vermuthen sollte; oder wer so
etwas könnte, ist sicher nie an Händ
und Füssen lahm gewesen. — — Doch,
wenn mich mein Aug nicht triegt, so
kömmt dort dein Bräutigam durch den
Hohlweg herauf — — —

K. Also schon Bräutigam? (lachend)

P. Natürlich, du hast ja dein Ja=
wort gegeben —

K.

K. Wenn Sie das geben heißen,
Herr Pfarrer, was man einem mit
Gewalt nimmt — —

P. Er ist es wirklich! (nach der
Straße hinsehend) Geh' ihn doch ent=
gegen, und führ' ihn hieher. — Dann
magst du uns auch ein gutes Mittag=
mahl bereiten. Vergiß aber auf einen
Augenblick, daß du Braut bist, sonst
möchtest du die Suppe versalzen. —

K. Sie dürfen von Glücke reden,
Herr Pfarrer, wenn Sie eine einzige
Speise genießen können; denn ich weiß
nicht, wo mir der Kopf steht, und dar=
an ist niemand Schuld, als Sie. —
(hüpft fort)

Die vierzehn Tage waren herum,
und der brave Pfarrer hatte das Ver=
gnü-

gnügen, seine schöne Krankenwärterin und seinen Freund im Angesicht der Kirche einzusegnen. Darauf gab es, wie gewöhnlich, einen Hochzeitschmaus, und wie es Abend wurde, führte der reiche Herr Jakob die Braut heim.

Ohne dabey gewesen zu seyn, können wir Hundert an Eins wetten, daß es an Kritikern nicht werde gefehlt haben. Die Weiber haben sich gewiß theils an der Schönheit der Frau Lisel geärgert, theils es dem reichen Herrn Jakob übel genommen, daß er ein armes Mädchen wählte. Die Männer prophezeyten ihm gewiß Kopfschmerzen, und beneideten ihn zugleich; einigen benachbarten Pfarrern wird es aber unbegreiflich gewesen seyn, wie ihr Herr Kolle-

ge

ge feine ſchöne Köchin zu einer Zeit von
ſich laſſen konnte, da ſie ſolche erſt am
liebſten behalten hätten. — — —

Fünftes

# Fünftes Kapitel.

Die Leser werden hier mit dem braven Pfarrer näher bekannt.

Wer die Pfarrer, wie sie ungefähr
noch vor dreißig Jahren gewesen seyn
mochten, zum Maßstabe annehmen wollte, wird vermuthlich wider den Karakter unsers braven Pfarrers, und vorzüglich wider die eben angeführte Unterredung mit seiner Köchin Manches
einzuwenden haben: und doch ist hier
nicht idealisirt, nichts aus der Luft genommen.

Neh=

Nehmen wir einmal an, daß dieser
Mann in seinen jüngern Jahren durch
einen glücklichen Zufall an verschiedene
protestantische Höfe als Gesandschafts=
prediger geschickt wurde; daß ihn die
liebevolle Aufnahme von Leuten, die ihn
sein theologischer Lehrer als von der Kir=
che verworfene Ketzer verabscheuen lehr=
te, toleranter, ihr Umgang gesitteter,
und die Lektüre guter Bücher weiser ge=
macht habe; daß er dann bey seiner
Rückkunft die angefangene Bildung vol=
lendet, und endlich, (wie es so viele
andere würdige Priester sind;) ein prakti=
scher Christ geworden sey, und wir wer=
den in der ganzen Sache nichts mehr
wunderbar finden.

Ich will eben nicht sagen, daß alle

diese

diese Umstände genau bey ihm zusammentrafen; aber so viel ist gewiß, daß man nach seinem Tode in seiner Büchersammlung solche Werke fand, die, so sehr sie jezt von der katholischen Geistlichkeit gelesen und geschäzt werden, den guten Mann, wenn der Visitator in jenen Zeiten nicht lieber den Weinkeller, als den Bücherschrank visitirt hätte, um seine Pfarren hätten bringen können.

„Allein die Unterredung mit seiner Köchin war doch immer zu vertraut, zu sehr unter seiner Würde!‟ Ich hoffe nicht, daß dieser Einwurf von einem Pfarrer komme, sonst müßt' ich wirklich antworten: „Daß ich wünschte, es möchten nie vertrautere, noch mehr unter ihrer Würde stehende Gespäche zwischen

ſchen den Herren Pfarrern und ihren Köchinnen vorgefallen ſeyn."

Es iſt wahr, der Ton der Unterredung
war vertraulich; allein man muß bedenken, daß ſie durch ein ganzes Jahr ſeine Krankenwärterin geweſen, und daß
alle Diener, die viel um ihre Gebieter
ſind, ſich, ohne es ſelbſt zu wiſſen, an
dieſen Ton gewöhnen.

Wer wird ſich immer in den Schein
von Hohheit und Heiligkeit einhüllen?
Die Groſſen und die Geſalbten des Herrn
geben ihren Dienern alſo nur zu oft Beweiſe von ihrer ſchwachen Menſchlich-
keit, und mehr braucht es nicht, um
ihr Anſehen herab, und dieſer Leute Keck-
heit hinauf zu ſtimmen.

Man

Man vergebe mir diesen kleinen Ab=
sprung; allein da der gute Pfarrer noch
öfters in dieser Geschichte auftreten wird,
so mag er eben nicht ganz überflüßig
seyn.

————

Sechstes

# Sechstes Kapitel.

Woher der Name Frau Lisel kommt. Der
Faden der Geschichte wird wieder auf
genommen.

Ich habe zwar erst im letzten Kapite
meine Leser wegen des kleinen Absprungs
um Vergebung gebeten, und doch seh'
ich mich gezwungen, abermal einen Sei=
tenschritt zu thun. — Ich muß nämlich
sagen, woher die Benennung, F r a u
L i s e l, komme; denn sonst könnten sie
einige am Ende gar für einen Spitzna=
men halten.

Die Heldin dieser Geschichte hat al=
so wirklich den Namen E l i s a b e t h
in der heiligen Taufe erhalten, wie

es

es der Schein aus dem Kirchenbuche,
den sie mit nach Wien brachte (denn
dieses unentbehrliche Heurathsrequisit
lassen die Mädchen nicht gerne zurück)
bezeugte.

Im Hause des Kaufmanns hieß man
sie bloß die Bayerin; beym Hofrath war sie die schöne Bayerin;
der Pfarrer aber, dem die erste Benennung zu unbestimmt, und die zweite für
eine geistliche Wirthschaft zu weltlich
klang, nannte sie wieder bey ihrem wah-
ren Namen, und so hieß sie dann auch
im ganzen Dorfe die Pfarzerlisel,
oder des Pfarrers seine Lisel.

Als sie nun heurathete, hätte sie freilich den Geschlechtsnamen ihres Mannes

nes annehmen können; allein dieser wur=
de, doch nur immer im ganzen Städt=
chen beim Taufnamen genannt — Er
hieß also im Wirthshause, so wie auf
der Rathsstube, der reiche Herr Ja=
kob; da man aber seine neue Ehe=
hälfte unmöglich Frau Jakobin nen=
nen konnte, und mehr als das halbe
Städchen seinen Geschlechtsnamen nicht
einmal wußte, so machte man kurzen
Prozeß mit ihr. Die neidischen Wei=
ber hiessen sie spottweise noch immer
die Pfarrerlisel — andere blos
Frau Lisel; die ihr aber gut waren,
die reiche oder auch die schöne
Frau Lisel.

Meine Leser sehen also, daß es auch
bey dieser Benennung ohne alle Hexe=
rey

rey herging; und da ich nun auch diese
Autorpflicht erfüllet habe, so erlauben
Sie mir, im nächsten Kapitel den Fa=
den der Geschichte wieder aufzunehmen.
Ich gebe Ihnen mein Wort, daß er
nun nicht so leicht mehr soll abgebro=
chen werden.

# Siebentes Kapitel.

Die Geschichte wird aus den Archiv der Schmähsucht ergänzt. Der Teufel fährt in die Frau Lisel. Ihr Mann fängt mit einem alten Kavalier zu eifern an.

Alles, was meine Leser bisher gehöret haben, ist größtentheils nach der eignen Erzählung der Frau Lisel niedergeschrieben worden; denn wie hätte ich sonst von ihrer nächtlichen Scene mit dem Grafen, von ihrer Unterredung mit dem Pfarrer, und von vielen andern Besonderheiten eine so genaue Auskunft ertheilen können?

Nun

Nun aber beliebt es ihr von ihrer Ver=
bindung an, bis an den Tag, wo sie
wieder nach Wien zog, nicht eines einzi=
gen besondern Umstandes zu erwähnen,
wenn gleich, wie wir in der Folge sehen,
wichtige Dinge müssen vorgefallen seyn.

Es würde sich also in dieser Geschichte
eine Lücke von acht und mehr Jahren er=
geben, wenn nicht einige Freundinnen
von ihr aus christlicher Liebe die Mühe
auf sich genommen, und diese Lücke aus=
gefüllet hätten.

Wir mögen noch so leise über gewisse
nicht gar rühmliche Sceren unsers Lebens
hinwegglitschen, so gibt es doch immer
dienstfertige Freunde genug, die diese
Fehltritte und Schwachheiten (die Zeit
mag

mag sie noch so dick mit dem Staube der
Vergessenheit bedeckt, und gute Handlun=
gen sie zehnfach ausgetilget haben) wie=
der hervorziehen, und zur Schau aus=
stellen.

Man hat freilich Ursache gegen diese
ungebetene Biographen mistrauisch zu
seyn. Wenn man indessen findet, daß
sie in der Hauptsache zusammentreffen,
und in ihren Erzählungen keinen Privat=
haß, keine zu grosse Antheilnehmung,
sondern blos den am Menschengeschlech=
te so gewöhnlichen Hang zur Schmäh=
sucht entdecket, so darf man am Ende
doch glauben, daß etwas an der Sache
seyn müsse.

Ich will also, den Maßstab der Prü=
fung

fung in der Hand, aus dem so reich=
haltigen Archiv der Tadelsucht die Ge=
schichte unsrer Frau Lisel ergänzen. —
Vermög dieser Akten soll sie das erste
Jahr ihrer Ehe sehr vergnügt und ru=
hig hingelebt haben. Ihr Band ward
durch Liebe geknüpft; und wo keine Nah=
rungssorgen drücken, pflegt dieses Lämp=
chen, wie wir wissen, immer um ei=
nige Wochen, vielleicht auch um Jahre
länger zu brennen. Besonders rühmten
ihr die Weiber ihre Demuth und Beschei=
denheit nach: denn ob sie gleich viel schö=
ner und reicher war, als sie, so wagte
sie es doch nicht, in Gesellschaft, oder
wenn sie in der Kirche zum Opfer gin=
gen, den Rang vor ihnen zu nehmen.

Sie waren also gern um sie, und
ver=

verziehen ihr sogar ihre Schönheit. Allein der Teufel, der die Engel vom Himmel, und so manchen Minister von der obersten Ehrenstufe herabstürzt; der schon so manchem adeligen Bürger den Kopf verrückt, und selbst in geweihte Köpfe fährt, fuhr nun auch in unsre Frau Lisel.

Eine alte Offizierswittwe, die im Städtchen von ihrer Pension lebte, und bey ihrer Armuth, wie der größte Theil dieser Wittwen, den lächerlichsten Stolz besaß, war das Instrument, dessen sich der Hoffartsteufel zur Verführung der Frau Lisel bediente.

Diese Wittwe war zwar die ärmste, aber auch zugleich die vornehmste Person

son im ganzen Städtchen; denn sie trug
einen Mantel, und wenn er gleich
durchsichtig wie ein Sieb war, so galt
er doch in damaligen Zeiten für einen
unumstößlichen Beweis des Adels; da=
her dann auch sogar der Bürgermei=
ster, so oft er ihr begegnete, tief den
Hut vor ihr abzog, und sie Euer
Gnaden hieß. — Das war dann
auch die Ursache, daß es sich die ver=
möglichsten Bürgersweiber für die größ=
te Ehre rechneten, wenn die zerrissene
gnädige Frau zu ihnen auf einen Be=
such kam, und ihnen ihren Kaffee weg=
trank.

Bey so einem Besuche nun soll sie
der Frau Lisel die Grille in den Kopf
gesetzt haben, daß sie sich zu weit unter
ihrem

ihrem Stande trüge; daß ihre Freun=
dinnen heimlich über ihre altfränkische
Tracht spotten, und daß sie überhaupt
groß Unrecht hätte, da sie schön, jung,
und reich wäre, ihr Leben nicht besser
zu geniessen.

Hätte der Teufel nicht seine Privatur=
sachen gehabt, so wär' er unsrer Stamm=
mutter Eva gewiß in Gestalt eines alten
Weibes erschienen. Man darf sich also
nicht wundern, wenn unsre Frau Lisel
den glatten Worten Gehör gab, und in
den Apfel biß.

Sie hatte bisher dem Stolz und der
Eitelkeit der übrigen Weiber ein frey=
williges Opfer gebracht; denn ein schö=
nes Weib sey noch so sehr über die
Schwach=

Schwachheiten ihres Geschlechts weg,
so fühlt es doch immer die Vortheile, die ihm seine Reitze über andere
Weiber geben. Wenn unsere Frau Lisel also ihren Mitbürgerinnen in allen
Stücken den Vorrang ließ, so that sie
es blos aus Klugheit. Sie kannte ihr
Geschlecht, und wollte sich Freundinnen machen:

Da sie aber nun hörte, daß man über
ihre Tracht spottete, und ihre Bescheidenheit vielleicht wohl gar für Unverstand oder Blödsinn hielt, fand sich ihr
weiblicher Stolz auf das empfindlichste
beleidigt, und sie nahm sich vor, diesen
albernen Geschöpfen zu zeigen, wie weit
sie unter ihr seyen.

Wie

Wie sie ihren Mann dahin brachte,
daß er diese Weiberſache für eine Fami-
lienſache hielt, und in dem Stolz der
Frau Liſel ſeine eigene Ehre beleidigt
glaubte, weiß ich ſo genau nicht anzu-
geben; aber darin ſtimmen alle Nach-
richten überein, daß er ihr bey ihrer
Rache allen Vorſchub that; daß er ſelbſt
die neueſten Stoffe ins Haus ſchaffte,
und eine faſt kindiſche Freude zeigte,
wenn er die übrigen Weiber vor Neid
und Eiferſucht halb ſterben ſah. Allein
wir werden bald ſehen, daß es nicht
ſehr rathſam ſey, in dieſem Punkte ge-
meinſchaftliche Sache mit den Weibern
zu machen.

Was bey der Frau Liſel anfänglich
Rache war, ward zuletzt Gewohnheit.

E          Wenn

Wenn ſie bisher blos aus Neckerey den
erſten Platz am Kaffeetiſche nahm, ſo
glaubte ſie nun im Ernſte, daß er ihr
gebührte, und wurde ſogar unwillig,
wenn andere Weiber ihr denſelben ſtrei=
tig machten. So konnte ſie es nun
auch nicht mehr mit ihrer vorigen Ge=
laſſenheit anſehen, wenn irgend eine
ihrer Freundinnen ſchöner und moder=
ner geputzt war, als ſie, oder die Män=
ner einer andern mehr Schönes ſag=
ten, als ihr. — Kurz, es war aus der
Frau Liſel eine wahre gnädige Frau ge=
worden.

Daß ſie ſich bey ſo einem Betragen
mit jedem Tage eine neue Feindin mach=
te, iſt leicht zu vermuthen. Jede neue
Haube auf ihrem Kopfe, jedes neue Kleid

an

an ihrem Leibe war für die andern ein
Stich durch das Herz, und dieser war
um so schmerzlicher, da es ihnen am Ver=
mögen fehlte, es ihr nachzuthun; denn
die Bürgersmänner besaßen damal noch
nicht so viel feine Lebensart, daß sie ih=
ren Weibern zuliebe im Spitale gestor=
ben wären. Sie waren also nicht wider
die Frau Lisel aufgebracht, weil sie die
Dame spielte; sondern weil nicht auch
sie die Dame spielen konnten.

Ein benachbarter Edelmann hatte un=
sere Schöne einigemal in der Kirche gese=
hen, und, was Edelleuten nicht viel
Mühe kostet, sich in sie verliebt. Ihre
Feindinnen setzen hinzu, daß er durch
Vermittelung der alten Wittwe Gelegen=
heit gefunden, seine Geliebte mehrmalen

unter

unter vier Augen zu sprechen, und daß
sie bey dieser Gelegenheit die zurückstos-
sende Kraft verlassen habe.

Allein ich halte dieß für eine abge-
schmackte Verläumbung, und rathe jedem, nie einem Weibe zu glauben, das
einem andern in diesem Punkte übel nach-
redet. Denn wie können zwey fremde Augen je mit Wahrheit bestimmen, was
unter vier vertrauten Augen vorgefallen ist?

So viel ist indessen gewiß, daß ihre
Feindinnen diesen Vorfall zu benützen,
und dem guten Jakob die eheliche Treue
seiner Gemahlin verdächtig zu machen
suchten. Der gute Mann hatte schon vorher manch kleines Gardinengespräch mit
seiner

feiner Frau Lifel gehalten, von dem je=
desmal ihr übertriebener Putz, ihr stolzes
Betragen, und ihre, wie es ihm vorkam,
gegen ihn erkaltete Liebe der Gegenstand
war. Darüber soll nun an ihrem Ehe=
standshimmel manch trübe Wolke aufge=
stiegen seyn. Da sie aber für jeden klei=
nen Vorwurf zehn Gegengründe, und
das eigene Herz des Herrn Jakobs noch
selbst zu ihrem Advokaten hatte, so konn=
ten sich diese trüben Wolken nie in ein
förmliches Gewitter sammeln.

Wenn meine Leser und Leserinnen bis
zum nächsten Kapitel Geduld tragen wol=
len, so kann ich ihnen mit einer kleinen
Probe von diesen nächtlichen Bettgesprä=
chen aufwarten. Die Frau Lifel soll es
nämlich ihrer alten Wittwe, diese es ei=
ner

ner andern Freundin, und so eine Freun=
din der andern es so lang im Vertrauen
erzählt haben, bis es das halbe Städt=
chen wußte.

Achtes

# Achtes Kapitel.

Es gibt unangenehme Auftritte unter diesem Ehepaare. Herr Jakob bekehrt sich. Die Bekehrung ist von keiner Dauer. Frau Lisel dringt auf die Ehescheidung. Der Pfarrer erscheint als ein Engel des Friedens.

Der reiche Herr Jakob hatte die Gewohnheit, Abends auf die Trinkstube zu gehen, wo der Bürgermeister, und die übrigen Rathsherren des Städchens sich zu versammeln, und die wichtigsteu Regierungsangelegenheiten abzuthun pflegten. Sie hatten ihn nun ein paarmal wegen seiner gepuzten Frau Lisel aufgezogen, und der Gerichtsschreiber trieb

die

die Neckerey so weit, daß er sogar auf
die Gesundheit ihrer neuen Wiener=
haube trank.

Das waren freylich Dinge, die einen
vernünftigen Mann nicht aufbringen sol=
len; allein die Vernunft des guten Ja=
kobs hatte diesmal ein Gläschen zu viel
getrunken. Er ward also im Ernste auf=
gebracht, und wer ihn hier in seinem
Zorn gesehen hätte, würde der armen
Frau Lisel sicher keine gute Nacht pro=
phezeyet haben.

Doch man irrt sehr, wenn man
glaubt, Herr Jakob habe, wie die mei=
sten Männer, seinen Rausch, und sei=
nen Verdruß dem lieben Weibchen auf
eine unanständige, brutale Art entgelten
lassen.

laſſen. Er liebte ſeine Gattin; aber eben
deswegen ſchäzte er ſie auch hoch, und
wenn er ihr Vorſtellungen machte, ſo
geſchah es auf eine ſo edle, beſcheidene
Art, daß ſich ſelbſt in unſern Zeiten mancher groſſer Herr daran ein Beyſpiel
nehmen könnte.

Wenn ſie daran zweifeln, ſo leſen ſie
nur das Gardinengeſpräch.

Hr. Jakob. Schläfſt du ſchon,
Schaz?

Fr. Liſel. Nein, mein Engel, ich
kann nicht ſchlafen, wenn du nicht bey
mir biſt.

H. Jak. Ich hab' heut deinetwegen
wieder groſſen Verdruß gehabt —.

F. Liſ. Das thut mir ſehr leid —

H. Jak.

H. Jak. Wo ich hinkomme, hör' ich
die Leute über deinen Putz klagen —
Der Gerichtschreiber hat mir sogar öf-
fentlich die Schand angethan, und auf
die Gesundheit deiner neuen Wienerhau-
be getrunken — —

F. Lis. Morgen thut er's gewiß
nicht mehr; denn die gestrenge Frau
Gerichtsschreiberin hat eben heute gerade so eine Haube von Wien kommen
lassen — aber, wenn es dir Verdruß
macht, daß ich mich nach der Stadtart
trage, so kann ich ja mein bayerisches
Mieder wieder anziehn, und mein Bund-
häubel aufsetzen —

H. Jak. Du thätest mir wirklich einen Gefallen; denn schau, ich kann das
Spötteln und Sticheln in die Länge nicht
mehr anhören.

Fr. Lis.

F. Lif. Du haſt mir freylich die neue Haube faſt aufgedrungen — und das neue Kleid auch — —

H. Jak. Das iſt wahr — —

F. Lif. Und ſelbſt die größte Freud gezeigt, wenn ich beſſer als die übrigen Weiber gekleidet war — —

H. Jak. Das iſt wahr — —

F. Lif. Und mich wohl ſogar aus= gezankt, wenn ich mich etwas weniger puzte — —

H. Jak. Das iſt wahr — —

F. Lif. Ich fürcht' alſo nur, daß deine Ehre dabey leide, wenn ich mich nun auf einmal wieder wie die übrigen Weiber trage —

H. Jak. Meine Ehre ſagſt du? glaubſt du Schatz?

F. Lif. Ja, mein Engel. So weit näm=

nämlich meine Ehre und deine Ehre ei=
nes ist. Die Weiber wissen es, daß
ich mich bloß auf deinen Befehl bisher
nach der Wienermode gekleidet habe.
Sie werden sich also wunderliche Gedan=
ken machen, wenn sie mich nun auf ein=
mal wieder in meiner altfränkischen
Tracht sehen — —

H. Jak. Was mögen sie sich wohl
denken?

F. Lis. Sie werden sich denken, daß
du entweder nicht richtig im Kopfe bist,
weil du mir Kleider ausziehst, die du
mir selbst angezogen hast; oder, daß du
irgend eine schlechte, und unehrliche
Handlung von mir wissen müssest, und
daß du mich auf diese Art strafen woll=
test —

H. Jak. Nein! das sollen sie nicht
von

von mir und dir denken — Die ver=
dammten Weiber! — Gib mir deine
Hand, Lisel — — Du trägst dich fort,
wie du dich bisher getragen hast, und
morgen laß ich dir, diesen Neidteufeln
zum Troz, ein noch zehnmal schöneres
Kleid aus der Wienstadt bringen.

So ungefähr endigten sich ihre meisten
Debatten. Die Frau Lisel gewann den
Prozeß, und immer noch was dazu.

Allein, nachdem ihm die bösen Wei=
ber den Teufel der Eifersucht eingeblasen
hatten, soll es bey ihren Seßionen viel
ernsthafter hergegangen seyn, und die
Akten sagen sogar, daß sie sich gröber,
als die Mitglieder des Pariserconven=
tes gegen einander betragen haben. —

Werden

Werden die sanftesten Schönen durch
diese Leidenschaft zu kleinen Furien, und
Kavaliere zu Sänftenträgern, so darf
man es ja auch einem Bürger verzeihen,
wenn er bey solchen Scenen hie und da
über die Linien des Wohlstandes hin-
austanzt.

Des Herrn Jakobs Unglück war, daß
er nicht den kleinsten Beweis von ihrer
Untreue in Händen hatte. Wenigstens
ist dieß in den Augen der Eifersüchti-
gen ein Unglück; denn ihre Unwissen-
heit ist ihnen weit schrecklicher, als Ge-
wißheit. — So oft er also auf den benachbarten Edelmann kam, war ihre
Antwort immer; Beweise — Die
Weiber sind in diesem Stücke geborne
Juristen, und wissen es, trotz unsrer

besten

beſten Rathsherren, daß der Kläger den
Beweis zu führen habe.

Da er nun, wie natürlich, nicht damit aufkommen konnte, ſo wurde er
entweder jedesmal mit einem ſpotten-
den Gelächter abgewieſen, oder ſie las
ihm (denn unſre Frau Liſel war eine
ſtarke Rednerin) ein ſo derbes Kapitel
über das abſchepliche Laſter des falſchen
Verdachtes, als er noch nie von einem
Beichtvater, oder Prediger gehört hatte.
Es gelang ihr auch nicht ſelten, oder
wenigſtens öfters, als manchem eifri-
gen Pater, den Sünder zu rühren. Er
bekannte ſeine Schuld; ſchloß ſie teu-
müthig an's Herz, und bat um Vergebung.

Allein

Allein solche Bekehrungen sind von
keiner Dauer, und der gute Jakob, der
in den Armen der Versöhnung und Liebe
eingeschlafen war, erwachte gemeiniglich
wieder in den Armen der Eifersucht. —
Ein freundlicher Blick, den sie von un=
gefähr auf einen andern Mann warf,
jeder Besuch ausser Haus, und oft die
unschuldigsten Handlungen, wekten sei=
ne Leidenschaft auf. Zank und Hader
war diesem Ehepaar also so gewiß, als
das tägliche Brod, und wenn sich auch
auf einen Augenblick Windstille ein=
stellte, so war sie nur immer der Vor=
both eines neuen Sturms.

Ein Weib sey nun unschuldig oder
nicht, so kann es doch in die Länge
bey so einem Narren nicht aushalten.

Es

Es soll also endlich auch bey der Frau
Lisel der Damm ihrer Geduld entzwey
gerissen seyn, und man sagt, sie habe,
nachdem alle Vorstellungen, und selbst
ihre nächtlichen Orationen nicht mehr
fruchten wollten, im Ernste auf die
Ehescheidung gedrungen, als der Pfar=
rer, als ein wahrer Engel des Frie=
dens, durch einen Einfall, der seinem
Verstand und Herzen Ehre machte, die
Ruhe unter diesen verliebten Zänkern
herstellte.

F          Neuntes

# Neuntes Kapitel.

Für dieses Kapitel allein sollen die geistlichen
Herren einen Gulden bezahlen. Der
alte Kavalier erscheint. Herr Jakob
wird von seiner Eifersucht geheilt.

Die verläumberische Welt bürdet ge=
wöhnlich der armen Geistlichkeit auf,
daß sie unter den Eheleuten lieber Un=
einigkeit als Frieden stifte, und be=
hauptet sogar, daß dieß eine Haupt=
maxime mancher Orden sey, weil sich
nemlich da am besten fischen liesse, wo
das Wasser trüb ist. Allein unser Herr
Pfarrer liefert uns hier abermal einen
Beweis, daß der bösen Welt in diesem
Stücke nicht immer zu glauben sey.

Es

Es wäre fast ein Wunder gewesen,
wenn der brave Pfarrer von den Ehe=
standsbataillen zwischen seinem alten
Freund und seiner ehemaligen Kranken=
wärterin nicht manches hätte erfahren
sollen. — Sein Dorf war nur wenige
Stunden vom Städtchen abgelegen. —
Es gab also keine Bäurin, die für die
wenige Pfunde Butter, die sie nach
dem Städtchen trug, nicht eben so viel,
und oft noch mehr, an Lügen und Stadt=
neuigkeiten zurückgebracht hätte. Die
Frau Lisel war aber vor allen andern
ein wichtiger Gegenstand ihrer Neugier=
de, weil sie ehedem Köchin bey ihrem
Herrn Pfarrer, und weil ihr die mei=
sten um ihr Glück neidig gewesen.

Sie erkundigten sich also genau um

jede

jede Kleinigkeit ihrer häuslichen Ver=
faſſung, und waren immer vor Freuden
auſſer ſich, ſo oft ſie eine ärgerliche,
oder ſonſt nicht gar erbauliche Anekdo=
te erhaſchen konnten. Sie lieſſen ſie
aber dann eben ſo wenig in Natura,
als unſere Stadtfrauen; ſonder putz=
ten und verfeinerten ſo lang an ihnen,
bis ſie nicht mehr zu kennen waren. —
Nun weiß man wohl, daß die Stim=
me des Donners nicht ſo ſchnell über
unſern Häuptern wegrollt, und kein
Sturmwind auf ſeinen Flügeln ſchneller
durch die Lüfte hinfährt, als ſich böſe
Neuigkeiten verbreiten.

Der gute Herr Pfarrer mochte alſo
bey was immer für einem Mitbruder
ſpeiſen, ſo wurde ihm jedesmal ein
Paar

Paar solcher Anekboten aus der Wirths=
schaftsgeschichte der Frau Elsel gleichsam
zum Nachtisch vorgesetzt. Seine Ant=
wort aber war jederzeit: daß er
nichts davon wisse, und daß
man von seinem Nebenmen=
schen immer das Beste glau=
ben soll.

Er hatte auch wirklich seinen alten
Freund Jakob, seit seiner Verbindung,
nur ein einzigmal in dem Städtchen be=
sucht, und dieß zwar in den ersten
Flitterwochen, wo die Eheleute wech=
selweise nur lauter Vollkommenheiten
an sich sehen. Theils ließen ihn seine
Pfarrgeschäfte nicht abkommen; theils
hatte er gehört, daß seine Amtsbrüder
schon über seinen ersten Besuch nicht die

christ=

chriſtlichſten Bemerkungen machten, und
wollte ihnen alſo keinen weitern Text zu
Noten liefern.

Der reiche Herr Jakob war freylich
während dem mehrmalen bey ihm ge=
weſen. Da der Pfarrer von Natur nicht
neugierig war, und ſein Freund viel=
leicht zu edel dachte, um ein Weib an=
zuklagen, das er eigentlich aus ſeinen
geiſtlichen Händen empfing, ſo kam es
nie zu einer Erklärung zwiſchen ihnen'
und der Pfarrer hielt dieß Gerede für
eine bloſſe Erfindung übelgeſinnter Men=
ſchen.

Jetzt aber brachte ihm der Bote unver=
muthet einen Brief von ſeinen Freund,
worin er ihm nach der Länge und Brei=
te

te seine Noth klagte, und ihm sogar von
der bevorstehenden Ehescheidung Nach=
richt gab. — Der Pfarrer ward durch
diesen Brief auf das schmerzhafteste ge=
rührt, und er soll im ersten Gefühl so=
gar die bedenklichen Worte ausgerufen
haben: So ist denn wirklich der
Fluch des Herrn auf den Ehen,
die wir stiften!!!

Er wollte strafs nach dem Städtchen
fahren; als er aber bedachte, wie we=
nig die Stimme der Vernunft über das
Aufbrausen der Leidenschaften vermöge,
gab er diesen Entschluß auf.

Sein Freund hatte von dem vorgege=
benen Liebesverständniß zwischen dem
benachbarten Edelmann, und seinem
Weibe

Weibe etwas einflieſſen laſſen, und ihm
ſogar geſtanden, daß dieß die Haupt-
urſache ihrer Uneinigkeit ſey. — Der
Pfarrer kannte dieſen Edelmann, und
mehr braucht' es nicht — um die
Frau Liſel in ſeinem Herzen von aller
Schuld loszuſprechen. Da er nun aber
auch die Krankheit ſeines Freundes ein-
ſah, ſo hielt er die Kur für gewiß.
Er ſchrieb alſo ſeinem Freunde, daß er
ihn auf den nächſten Sonntage beſuchen
möge ; zugleich ſchickte er ſeine Pferde
nach dem Gute des Edelmanns, und
ließ ihn auf ein Mittagmahl zu ſich
bitten.

Beyde kamen. Der reiche Herr Jakob, weil er bey ſeinem Freunde Troſt
zu finden glaubte, und der Edelmann,
weil

weil er wußte; daß der Pfarrer alten,
trefflichen Rheinwein im Keller hatte.

Der gute Herr Jakob erstaunte nicht
wenig, als er bey seinem Freunde eine
hagere, ausgezehrte Menschengestalt er=
blickte. Ihr Kopf war ein wahres
mobile perpetuum ; an den Beinen
konnte man kaum Spuren der ehema=
ligen Waden entdecken, und die Ju=
gendsünden hatten die Haut des Ge=
sichts wie Fließpapier zusammen gerun=
zelt. Dabey lief aus dem träufen=
den hohlen Auge ein Bach eckelhafter
Feuchtigkeit die geschminkten Wangen
herab; und wenn diese Menschengestalt
den Mund öffnete, glaubte man die
Trümmer eines abgebrannten Theaters
zu sehen. Doch das Erstaunen des gu=
ten

ten Jakobsstieg bald auf einen noch
höhern Grad als ihm der Pfarrer in
diesem häßlichen, Gerippe den benachbar=
ten Edelmann vorstellte.

Er sah seinen Freund an. Dieser
merkte seine Unruhe, lächelte, und ließ
auftragen.

Der Edelmann ließ sich's schmecken;
fluchte dabey auf seine baufällige Zähne;
leerte einen Stutzen Rheinwein nach dem
andern, und genirte sich in einem ge=
wissen Stücke so wenig, als wär er zehn
Jahre in Holland gewesen. Dabey er=
zählte er die ganze Reihe seiner verlieb=
ten Feldzüge, und machte sogar aus
seinen davon getragenen Blessuren kein
Geheimniß.

Er

Er hatte sich das benachbarte Gút=
chen zwar erst vor einem halben Jahre
angekauft; indessen gab es, seinen Re=
den nach, weit und breit kein schönes
Mädchen, und kein reitzendes Weib
umher, von dem er nicht die feurig=
sten Liebesbriefe, die zärtlichsten Einla=
dungen aufzuweisen hatte. Er nannte
sich selbst die Geißel der Männer, und
schwur bey seinem Stammbaume, daß
er sie, wenn ihn der Teufel nicht eher
holte, noch alle zu seinen Schwägern
machen wolle.

Darauf zog er eine Liste heraus, und
las die Nämen der Schönen herab, die
sich ihm bereits auf Gnad' und Ungnad'
ergeben hatten. Darunter befand sich
nun auch die Bürgermeisterin mit ihrer
Tochter,

Tochter, die stolze Gerichtschreiberin, des Kaufmanns sein Weib, und so viele andere im Ernst würdige und tugendhafte Weiber.

Unser guter Jakob saß auf Nadeln; denn er glaubte, daß sicher auch seine Frau Lisel zum Vorschein kommen werde. Allein der Rheinwein, den ihm der Pfarrer, der dem Spiele nun gern ein Ende gemacht hätte, immer in gröffern Stutzen vorsetzte, lähmte diesem praleriſchen Gecken endlich die Zunge. Man stand von der Tafel auf; der betrunkene Edelmann war in den Wagen eingepackt, und der Sorgfalt seines Jägers überlassen; der Pfarrer und unser Herr Jakob waren nun allein.

Viel=

Vielleicht vermuthet man, daß er
ihm eine scharfe Predigt über seine un=
gegründete Leidenschaft gehalten habe —
Man irrt sich. Der Pfarrer wußte besser
auf das Herz zu wirken. Er führte ihn
lächelnd vor seinen altfränkischen Spie=
gel, und sagte bloß die Worte: Konn=
te ein Mann wie Sie mit die=
sem Geschöpfe eifern?

Jakob sah eine Weile beschämt zur
Erde, endlich stürzte er ihm um den
Hals. Ich bin kurirt, sagte er,
und seh, daß ich ein Narr ge=
wesen bin.

Der Pfarrer erzählte ihm dann noch
verschiedenes von dem Karakter des
Edelmannes, und machte ihn besonders
darauf

darauf aufmerkſam, daß er ſogar jene
Weiber auf ſeiner Liſte hatte, die doch
das ganze Städtchen und der Herr Ja=
kob ſelbſt als ein Muſter der Tugend
verehrten. Dieſer geſtand im Gegen=
theil, daß er nicht den geringſten Be=
weis von der Untreue der Frau Liſel
in Händen hätte, und daß er blos
durch böſe Weiber aufgehezt wurde.

Aber Sie brauchten Ihren vermeinten
Nebenbuhler nur anzuſehen, verſetzte
der Pfarrer, um nichts lächerlicher als
eine Eiferſucht mit ihm zu finden.

Darauf erwiederte unſer Herr Jakob:
daß er denſelben verſchiedene male in der
Kirche geſehen habe; daß er ihm aber
ungemein jünger und gefährlicher vorge=
kom=

kommen wäre, weswegen er ihn auch
heute nicht erkannte hätte. Der Edelmann hatte auch in der That einen Kammerdiener, der durch ein Geheimniß, das
er in Paris erlernte, jeden alten Kavalier
auf ein paar Stunden in einen Jüngling
zu verwandeln wußte; nur mußte sich
dieser den Damen, die er allenfalls zu be-
zaubern suchte, wie eine Afrescomalerey
in einer gewissen Ferne zeigen, und ja
ausser dem verjüngerten Kopf kein anders
Glied des Körpers sehen lassen. Der Teufel der Eifersucht war also aus dem Herzen des Herrn Jakobs vertrieben.

Ohne sich zu bekümmern, was seine
Mitkollegen dazu sagen mögen, fuhr
dann der Pfarrer mit seinem Freund
nach dem Städtchen, und seine Ver-
mitt-

mittlung konnte nicht anders, als ei=
nen dauerhaften Frieden zwischen bei=
den Parteien stiften. Die Weiber mach=
ten freylich Gloſſen darüber, um ſo
mehr, als ſie vom Beſuch des Edel=
manns beym Pfarrer etwas erfahren
hatten; allein darum bekümmerte ſich
weder der Herr Jakob, noch die Frau
Liſel.

Der zerrißnen gnädigen Frau ward
das Haus verboten; die übrigen Wei=
ber blieben ſelbſt aus, als man ihnen
keinen Kaffee mehr vorſeßte: Die ver=
ſöhnten Eheleute ſchränkten ihren Um=
gang alſo auf wenige Freunde ein, und
lebten vergnügt.

Der Pfarrer beſuchte ſie ſeit dieſer
Zeit

Zeit öfters, und sagte dann, so oft er
über ihre Eintracht entzückt nach sei=
nem Dörfchen zurück kehrte: Hm! so
sind doch nicht alle Ehen un=
glücklich, die wir stiften!!!

―――――

# Zehntes Kapitel.

Was die Damen von der Frau Lifel halten.
Der Autor ift in Verlegenheit. Zieht
fich endlich fo — fo heraus.

Das menfchliche Herz müßte fich
feit geftern geändert haben, wenn nicht,
troß aller Vertheidigung, hie und da
bey meinen Leferinnen ein kleiner Ver=
dacht gegen die eheliche Treue der Frau
Lifel zurück geblieben wäre.

Es ift wahr, höre ich einige fagen,
der Edelmann war eben keine Figur
zum Gefallen; allein wer kennt unfre
Launen? und hat es nicht fchon Wie=
land gefagt, daß die Häßlichkeit felbft

in

in gewissen Augenblicken ihre Reitze ha=
be? Sehen wir nicht in unsern Tagen
genug vornehme und gemeine Weiber,
die die schönsten Ehemänner und die
häßlichsten Amanten haben, und noch
stolz darauf sind, wenn sie mit diesen
Mitteldingen von Tod und Teufel im
Lugarten am Arm gehen, oder an ih=
rer Seite vom Balkon sehen, oder mit
ihnen im Badnerbade figuriren können?

„Die Häßlichkeit des Edelmanns be=
weiset also gar nichts für die eheliche
Treue dieser Frau Lisel. Wir wissen
ja, daß sie ein eitles, stolzes Weib
war, und daß den Bürgersweibern
ein Edelmann schon oft blos deswegen
gefällt, weil er ein Edelmann ist."

Ich

Ich sehe nun selbst, wie schwer es sey, ein Weib gegen Weiber zu vertheidigen; indessen hab' ich noch einen kräftigen Beweis zum Besten der Frau Lisel vorräthig, und wenn dieser sie nicht von aller Schuld lossspricht, so weiß ich nicht, was sie lossprechen soll.

Und dieser Beweis ist ganz kurz dieser, daß unsre Frau Lisel, auch bey dem besten Willen, den Ring der ehlichen Treue nicht hätte entzwey brechen können, weil es unter dem großen Korps der alten Liebesritter, die bey ihrem ausgemergelten Körper, noch verliebte Feldzüge mitmachen wollen, keinen elendern Invaliden gab, als eben diesen Edelmann. Sein Kammerdiener erzählte es daher auch frey,

daß

daß sein Herr seit mehr als zehn Jah=
ren, nicht zum kleinsten Kriegsdienste
mehr tauglich wäre, und daß dieser
alte Sünder (wie so viele andere sei=
nes gleichen) gern die Hälfte seines
Vermögens hingeben würde, wenn er
— noch sündigen könnte.

Ich sehe, wie hier manche Frau
K a t l und Frau B a b e r l und Frau
F r a n z l den Zeigefinger an die Nase
legt, und der Giltigkeit meines Be=
weises nachdenkt. Ich will sie also in
dieser Betrachtung nicht stören, und
diese Geschichte weiter fortsetzen.

———

Eilftes

# Eilftes Kapitel.

Der Teufel steckt noch immer in der Frau
Lisel. Sie macht Plane. Fällt damit
durch. Herr Jakob zeigt sich als Mann.

Der würdige Pfarrer hatte zwar den
Teufel der Eifersucht glücklich aus dem
reichen Herrn Jakob getrieben, und
sich vielleicht eingebildet, daß es ihm
auch mit dem Teufel gelungen habe,
der, wie wir bereits wissen, in die
Frau Lisel gefahren war. Allein, schon
Pater Gaßner sel. Andenkens, hat
über die Hartnäckigkeit weiblicher Teu=
fel bittere Klagen geführt. Es wollte
also auch der Teufel der Frau Lisel
seine schöne Wohnung nicht verlassen,
son=

sondern zog sich blos in einen Schlupf-
winkel zurück, um bey erster guten Gelegenheit seinen alten Posten wieder
einzunehmen — und da er der Hoffartsteufel war, so konnt' es ihm daran nicht fehlen.

Die Gerichtsschreiberin hatte alle
Räder der weiblichen Triebsamkeit in
Bewegung gesetzt, um ihrem Manne
ein Kleid abzuschwatzen, das alles,
was die Frau Lisel Schönes in ihrer
Garderobe besaß, an Geschmack und
Kostbarkeit übertraf. Es ging freylich
sein halber Gehalt und ein guter Theil
der Sportel darauf; dafür hatte aber
sein Weib das schönste Kleid im Städtchen.

Der

Der Teufel der Frau Lifel hatte
kaum das neue Kleid der Gerichts=
ſchreiberin erblickt, ſo ſchlich er ſich in
ihr Herz zurück, und trieb ſein altes
Spiel.

Die Frau Lifel erſchrack ſelbſt, als
ſie wieder das erſtemal ſeine Wirkung
empfand. Es gieng ihr beym Anblicke
des neuen Kleids ein Stich durch die
Seele, und wenn gleich denſelben Tag
ein großes Kirchenfeſt, und der Haupt=
altar von oben bis unten, wie die
ſchönſte Triumphpforte, mit unzähli=
gen Lampen beleuchtet geweſen, ſo war
es ihr doch nicht möglich, das Auge
von der ſtolzen Gerichtsſchreiberin und
ihrem neuem Kleide wegzuwenden.

Das

Das nämliche thaten auch die übri=
gen zum Dienste des Herrn versam=
melte Weiber; so, daß irgend ein Wil=
der, der von ungefähr in die Kirche
gekommen wäre, unmöglich was an=
ders hätte glauben können, als daß
das neue Kleid der Gerichtsschreiberin
der Gott seyn müsse, den diese christli=
lichen Schönen anbetheten.

Nun war in dem Friedensvertrage,
der unter Vermittlung des Pfarrers
zwischen Herrn Jakob und Frau Lisel
errichtet worden, auch dieser Artikel
enthalten: daß Letztere vom Tage der
Unterzeichnung an sich zwar moderne,
aber zugleich so simpel und eingezogen,
als möglich, kleiden solle, um durch
ihre

ihre Tracht, weder zum Aerger, noch
zum Neid Anlaß zu geben.

Sie konnte es also nicht wagen,
durch Begehrung so eines Kleides dem
Friedensschlusse so offenbar entgegen zu
handeln; von der andern Seite wußte
sie auch, daß sie diesmal schwerlich et=
was über ihren Mann vermögen wür=
de, weil er bereits sehr bitter über
das neue Kleid der Gerichtsschreiberin
gespottet hatte, und sich dabey ver=
lauten ließ, daß er ihren Mann doch
für keinen gar so großen Narrn gehal=
ten habe.

Indessen war es ihr nicht möglich,
die Gerichtsschreiberin und ihr neues
Kleid länger vor ihren Augen zu se=
hen;

hen; denn diese war so boshaft, daß
sie sich in ihrem Putze recht vorsätzlich
vor den Fenstern der Frau Lisel zeigte,
und in der Kirche immer den Platz ihr
gegenüber nahm. Sie brachte also,
auf Einrathen ihres Teufels, wieder
ein Projekt auf das Tapet, das sie
schon mehrmalen, aber immer ohne
Erfolg, durchzusetzen gesucht hatte.

Kein Mensch lebt gern an einem
Orte, wo er zur Fabel der Stadt ge=
worden. Das war nun der Fall der
Frau Lisel. Die Weiber suchten sie,
da sie ihnen keinen Kaffee mehr vorsetz=
te, auf alle Art zu necken. Freylich
galt nicht jede spöttische Miene gerade
ihr; sie legte sie aber immer auf sich
aus, und so war es ihr wenigstens zu
ver=

verzeihen, wenn sie sich vom Städtchen
wegsehnte. Sie hatte auch dem Herrn
Jakob bald mittelbar, bald unmittel=
bar ihren Wunsch bekannt gemacht;
war aber immer mit ihrem Projekt durch=
gefallen.

Dieser hatte freylich seine meisten
Gelder im öffentlichen Fond liegen; in=
dessen behielt er doch eine ansehnliche
Wirthschaft im Städtchen zurück, der
zwar die nächstbeste Mittelperson hätte
vorstehen können, wenn nicht Herr Ja=
kob der Meinung gewesen wäre, daß
man Dinge, die gut gehen sollen, selbst
verrichten müsse.

Das war nun auch immer seine Ant=
wort,

wort, so oft die Frau Lisel mit der Verlegung ihres Wohnsitzes angesto= chen kam.

---

# Zwölftes Kapitel.

Ein Ungefähr erfüllt die Wünsche der Frau
Lisel. Herr Jakob macht eine reiche
Erbschaft. Sie reisen nach Wien.

Ohne eben unsre Frau Lisel mit so
manchen Göttern der Welt zu vergleichen, hatte sie doch dies mit ihnen gemein, daß ihr Projekt, an deßen Ausführung sie sich bisher vergebens die
Finger wund biß, nun durch einen unvermutheten Zufall ausgeführet wurde,
und da sie Regent und Minister zugleich
war, bekannte sie offenherzig, daß ihre
Weisheit am glücklichen Erfolge keinen
Theil habe, und ließ dem Schicksal die
Ehre.

Schatz,

Schaz, du mußt deine besten Sachen
einpacken: sagte Jakob, indem er lä=
chelnd ins Zimmer trat. Wir reisen
morgen nach der Wienstadt.

Nach der Wienstadt? versetzte
Frau Lisel, und machte ein paar große
Augen.

Hr. J. Ja, mein Schatz. Ich hab'
eine Erbschaft gemacht. Sie ist an=
sehnlich. Es wird aber vielleicht zu
einem kleinen Prozeße kommen, und den
möcht' ich gern selbst führen; denn man
muß Dinge, die gut gehen sollen, selbst
thun.

Fr. L. Aber wir kommen doch wie=
der zurück?

Hr. J. Hm! wenn der Prozeß gut
ausfällt, könnten wir wohl auch auf
immer

immer in Wien bleiben. Du bist doch
nicht böse darüber?

Nein, mein Engel, sagte Frau Lisel,
der die Freude eine ungewöhnliche Rö=
the ins Gesicht trieb. Du weißt ja,
daß ich alles thue, was du willst —

Und so ging's dann ans einpacken.

Die Nachricht von der reichen Erb=
schaft hatte sich indessen im Städtchen
verbreitet, und wenn gleich der Univer=
salerbe selbst nicht wußte, wie hoch sich
dieselbe eigentlich belief, so bestimmten
seine Mitbürger doch schon die Sum=
me bis auf den Kreuzer.

Die Gerichtsschreiberin kam über die=
se

se Nachricht uns Kind. Sechs andere
Weiber bekamen Augenblicks ihre Mut=
terzustände, und die Frau Lisel bemerk=
te nicht ohne heimliche Freude, daß
selbst die sonst gesetzte Frau Bürgermei=
sterin beym Abschiede von ihr bis in
die Lippen blaß wurde, und öfters an
ihren Flakon roch.

Herr Jakob, der kein Freund von
Geräusch war, ließ noch vor Anbruch
des Tags die Pferde anspannen, und
fuhr mit seiner Lisel, eben nicht von
viel Segenswünschen begleitet, aber
um so vergnügter zum Thore hinaus.

Er blickte verschiedenemale nach sei=
nem Geburtsstädtchen zurück; der Frau
Lisel aber stand die Nase nach Wien,

und ihre Augen suchten die Spitze vom
Stephansthurm.

„Wenn nur der Prozeß gut aus=
fällt!" seufzte sie leise bey sich. „Wenn
wir nur in Wien bleiben!"

————————

Drei=

## Dreizehntes Kapitel.

Herr Jakob bekommt Prozeß. Gewinnt
ihn. Erlebt noch größere Freude.
Frau Lifel befindet sich in gesegneten
Umständen. Die Damen haben einen
Minister im Verdacht. Den acade-
mischen Gesellschaften wird eine wichtige Frage vorgelegt.

Könnte der Mensch hinter die Kurti-
ne der Zukunft sehen, er würde manches
Unglück mit offnen Armen umfangen, und
manches Glück von sich stoßen; und auch
unser Herr Jakob hätte in diesem Falle
sicher den Kutscher umlenken geheißen,
und gern auf die ganze Erbschaft Verzicht gethan. So aber sah er nur das

H 2                     erste

erſte Glied von der Kette ſeines künfti=
gen Schickſals, und befahl alſo dem
Knecht, muthig drauf zu fahren.

Der Prozeß war bey ſeiner Ankunft
bald zu ſeinem Vortheile entſchieden.
Sein Gegner hatte zwar ganz gute Grün=
de; ſie waren aber nicht ſo gewichtig,
als die Gründe des reichen Herrn Jakobs.
Er blieb alſo Univerſalerbe.

Doch der gute Jakob erlebte bald eine
noch größere Freude. Sein ſehnlichſter
Wunſch war immer, Kinder zu haben,
und er fieng wirklich an, die Hoffnung
darnach aufzugeben. Er, ein Mann bey
vierzig und geſund; ſie, bey ſechs und
zwanzig und ſchön — und doch bey der
beſten Beſtellung des Feldes acht un=
                                    frucht=

fruchtbare Jahre! — Man urtheilte ver=
schieden hierüber, und das kränkte den
guten Jakob noch mehr.

Endlich schickte ihm der Himmel einen
Theil von demjenigen Segen, den er an
Reiche so karg, und an Bettelleute so
reichlich austheilt.

„Ich weiß nicht, wie mir so wunder=
lich ist!" sagte Frau Lisel, als sie eines
Abends ins Bett stieg.

Hr. J. Wie ist dir denn? Schaz!

Fr. L. Nu! es würgt mich so im
Hals —

Hr. J. Hast du vielleicht was Unver=
dauliches gegessen?

Fr. L.

Fr. L. Nein, mein Engel — Dann klopft mirs Herz immer — —

Hr. J. Du wirſt vielleicht einen Schrecken gehabt haben?

Fr. L. Nein, mein Engel — Der Kopf thut mir auch ſo weh —

Hr. J Wie wärs, Schaz, wenn du Krebsaugen einnähmeſt?

Fr. L. Ich glaub, es würde nichts nützen — Es eckelt mir auch vor'm Fleiſch — —

Hr. J. Vor'm Fleiſch? du haſt dich ſicher am Fleiſch übereſſen — — Wollen wir nicht um einen Doktor ſchicken?

Fr. L. Wenn mir morgen nicht beſſer wird, mein Engel — aber ich glaube immer — — —

Hr. J. Was gläubſt du denn, mein Schaz? — — —

Fr. L.

Fr. L. Nu! du sollst es wohl selbst
wissen — — —

Hr. J. Ich? Ich weiß kein Wort
davon — — —

Fr. L. Ich glaube, ich bin in der
Hoffnung — —

Kellner! Kellner! schrie hier Herr
Jakob, indem er aus dem Bette sprang,
und die Thür öffnete. (Sie wohnten da=
mals noch im Gasthof.) Eine Bouteille
Champagner — vom Besten — —
Dann kehrte er sich zur Frau Lisel —.

Weib, sagte er, du mußt dir heut mit
mir einen Rausch trinken; und ist das
wahr, was du glaubst, so sollst du ein
Präsent von mir haben, das kein schiefes
Aug ansehen soll.

Frau

Frau Lifel mußte also, sie mochte wol=
len oder nicht wollen, zum Bette heraus,
und ihrem Jakob so lang helfen, bis die
Flasche leer war.

Weiber (falls sie nicht etwan Damen
sind) irren sich selten in diesem Punkte.
Es äusserten sich bald untrüglichere Kenn=
zeichen, und die Frau Lifel kam zur gehö=
rigen Zeit mit einem wohlgestalten Mäd=
chen in die Wochen. Und obschon sie wäh=
rend ihrer Schwangerschaft bey einem
Feuerschrecken nach der Stirne griff; ein
andersmal eine ausserordentliche Lust nach
einer Salamie hatte, und wieder einmal
ihr die Zähne nach einem gesulzten
Schweinskopfe wässerten; und obschon
sie überhaupt, trotz der ersten Dame, von
allen nur möglichen Launen angewan=
delt

delt wurde, so fand man doch am ganzen
Leibchen der Kleinen nicht die kleinste
Spur eines Muttermales.

Allein es ereignete sich ein andrer Um=
stand, der der Aufmerksamkeit einer medi=
zinischen Fakultät nicht unwürdig scheint.

Es waren nämlich vom Tag ihrer Nie=
derkunft bis zum Tag, an dem sie beym
Minister gewesen, und dieser ihr den glück=
lichen Ausgang des Prozesses andeutete,
gerade neun volle Monate — — —
Herr Jakob war der erste, der es bemerk=
te; denn er pflegte alle wichtigen Vor=
fälle in seinem Kalender aufzuzeichnen.

„Der Autor ist doch ein besonderer
Mann;” wird sich manche schöne Lese=
rin

rin denken. „Er will immer, daß wir
seine Frau Lisel für einen Tugendspiegel
halten sollen, und erzählt uns dann selbst
Dinge, die er zu ihrer Ehre lieber ver=
schweigen sollte." —

Sie thun mir Unrecht, gnädige Frau,
und auch der Frau Lisel, wie Sie gleich
sehen werden. Der Minister war ein al=
ter, vom Podagra geplagter, sechzigjäh=
riger Greis, und die Frau Lisel machte
ihm die Aufwartung in Gesellschaft ihres
Mannes. „Dann fällt aber alles Son=
derbare weg?"

In meinen Augen nicht, und wenn Sie,
meine schöne gnädige Frau, sich die Ge=
duld nehmen, und die Sache nur einen
Augenblick philosophisch untersuchen
wol=

wollen, so werden Sie dieselbe vielleicht
selbst sonderbar genug finden.

Wenn Euer Gnaden so ungefähr Luſt
zu einem koſtbaren Geſchmeide bekämen,
und ihr Herr Gemahl, der Ihnen Ihre
Sehnſucht darnach anmerkt, Sie damit
überraſchte, Sie aber von dieſem Tag an
ſich in geſegneten Umſtänden befänden;
würden Sie nicht ſelbſt ſagen, daß dies
ein beſonderer Umſtand ſey?

Was würden Sie aber erſt dazu ſagen,
wenn Sie vor dieſem glücklichen Tage
acht und mehrere Jahre in einer unfrucht=
baren Ehre gelebt hätten? Ganz natür=
lich müßte Ihnen dieſer Umſtand noch ein=
mal ſo ſonderbar vorkommen; und wä=
ren Sie nicht eine ſo große Philoſophin,

ſo

so dürften Sie wohl auch o quel miracle! ausrufen, und dem schönen Geschmeide eine geheime Zauberkraft zuschreiben.

Machen Sie nun selbst die Anwendung auf den Fall der Frau Lisel. Ihr sehnlich=ster Wunsch war in Wien zu bleiben. Dies hieng vom glücklichen Ausgange des Prozesses ab. Nun hört sie vom Mi=nister, daß er gewonnen ist, und der Rie=gel ihrer Unfruchtbarkeit springt entzwey.

Dies könnte freilich aus hundert an=dern Ursachen geschehen seyn. Verände=rung der Luft — ein vierzehntägiger Auf=enthalt in Baaden — u. s. w. haben an den Wienerschönen schon oft dieses Wun=der gewirkt. Warum soll aber nicht auch die lebhafte Freude über befriedigte Wün=sche

ſche ſolche Hinderniſſe hinwegräumen können?

Wir haben ja Beyſpiele, daß ſchon manche Dame *) blos durch ein neues Kleid geſund wurde — und ſo konnte wohl auch unſre Frau Liſel durch einen gewonnenen Prozeß in die Hoffnnng kommen.

Wie aber die Einbildung auf die Ner= ven wirke, und was die in ihrer Werk= ſtätte beſchäftigte Natur beſtimme, daß ſie hier der auszubildenden Frucht ein ſoge= nann=

---

*) Die Benennung Dame kommt ſehr oft in dieſem Romane vor; man muß aber nicht glauben, daß ich hierunter blos Damen vom hohen Adel verſtehe; denn oft ſind meine Damen bloße Kauf= manns, oder Kanzleyfrauen.

nanntes Feuermal einbrücke; daß sie
wo in der ganzen Familie Stumpfnäschen sind, eine Adlernase mache, und unter Adlernasen ein Stumpfnäschen her-
vorbringe: darüber wünschte ich freylich
von irgend einer gelehrten Akademie einmal was gescheides zu lesen. — —

# Vierzehntes Kapitel.

Der Karakter des Herrn Jakobs und der Frau Lisel wird näher bestimmt. Die Leser irren sich abermal.

Da nun eine zwote Heldin, die schöne Nanette, in dieser Geschichte auftritt, so werde ich alles, was die Frau Lisel ins Besondere betrifft, in den künftigen Kapiteln viel enger zusammenfassen, und überhaupt der ganzen Handlung einen raschern Gang geben. Nur muß ich vorher die Bahn ebner machen, und alles, was Dunkelheit und Mißverständniß veranlaffen könnte, aus dem Wege räumen.

Dazu

Dazu ist nun unumgänglich nothwen=
dig, daß sie mit dem Karafter des Herrn
Jakobs und der Frau Lisel noch etwas
näher bekannt werden, weil Sie sich sonst
manche ihrer folgenden Handlungen nicht
erklären könnten.

Herr Jakob war eines von jenen Ge=
schöpfen, die von keinem herrschenden
Temperamente wissen. — Man konnte
dieses schon aus seinem Barte abneh=
men. Dieser war weder roth, noch
schwarz, noch blau, noch braun; er hat=
te aber von allen diesen Farben etwas an
sich, und zwar so, daß man unmöglich
unterscheiden konnte, welche eigentlich
die hervorstechende Farbe sey.

So war es nun gerade auch mit sei=
nem

nem Temperamente. Er war also heute melancholisch, morgen phlegmatisch, jetzt kolerisch, und gleich darauf ein wahrer Sanguineus, und oft konnte man in einer Stunde diese vier Temperamente an ihm abwechseln sehen; aber nie in hohem Grade.

Aus dieser sonderbaren Mischung mußten also eben so sonderbare Handlungen entstehen; denn unmöglich konnten seine Grundsätze bey dieser Ebbe und Fluth Festigkeit erlangen. Er war also bald entschlossen ohne Grundsätze, bald bey den besten Beweggründen schwach, wie ein Weib. Er tadelte heute das Laster der Trunkenheit, und trank sich Tags darauf selbst einen Rausch. Er lachte also auch, wo andere Leute sich ärgern, und ärgerte

J                    sich,

sich, wo andere Leute lachten, und war gleich darauf mit beyden verstanden. Bey allen diesem war er aber doch immer, was man eigentlich den guten Mann nennt. Zürnte er, so stellte das Phlegma alsogleich das Gleichgewicht her, und er ward wieder gut. So konnte seine Freude auch nie in Ausgelassenheit übergehen; denn die Melancholie goß immer einige Tropfen von ihrer schwarzen Essenz darein, und die Freude präciperirte sich.

In Ansehung der religiösen Begriffe hatte es gleiche Beschaffenheit mit ihm. Es stießen ihm manche Zweifel auf; er konnte aber nie dazu kommen, sie gehörig zu untersuchen. Er schämte sich also, gewisse Dinge auf das Wort zu glauben, und fürchtete von der andern Seite, daß

man

man ihn einen Freygeiſt hieß, wenn er
daran zweifelte. Er glaubte und zwei⸗
felte alſo zugleich.

Er konnte keinen Mönch leiden, weil
er ſie, wenigſtens großen Theils, für
Müßiggänger hielt; aber es war ihm
auch unmöglich, ſie ſeine Abneigung füh⸗
len zu laſſen. So oft ſie alſo auf der
Sammlung zu ihm kamen, beſchenkte er
ſie reichlich, und zog ſie auch an ſeine
Tafel.

Iſt unſer Herr Jakob nicht ein wahres
Original?

„ Wir haben noch nie ein größers ge⸗
ſehen” — — —

Nun!

Nun! so ist es mir abermal sehr leid,
daß wir nicht in unserer Meinung zusam=
men treffen; denn ich für meinen Theil
finde, daß der Karakter des Herrn Ja=
kobs der Karakter der meisten Menschen
sey. Die meisten Menschen gleichen ei=
nem schwachen Rohr, das vor jedem
neuen Wind sich nach einer andern Seite
beugt. Oder zweifeln Sie daran, meine
Herren und Damen, so setzen Sie sich
hin, und reimen nicht fremde — nein,
nur ihre eigenen Handlungen zusammen,
wenn Sie können. — — —

Der Karakter der Frau Lisel läßt sich
glücklicher Weise mit einem einzigen Wor=
te ausdrücken. Sie war im wahrem
Verstande ein Weib, und wer die ei=
gentliche Bedeutung dieses Worts kennt,
wird,

wird, was er immer von ihr lesen
sollte, nicht im geringsten räthselhaft
finden.

Und nun will ich Ihre Geduld nicht
weiter ermüden.

# Fünfzehntes Kapitel.

Mit beyden geht eine große Veränderung vor.
Es finden sich Schwierigkeiten. Frau
Lisel bekommt einen guten Einfall.
Herr Jakob wird nobilitirt.

Unser Herr Jakob hatte, nachdem der
Prozeß gewonnen war, eine prächtige
Wohnung gemiethet: denn seine Freun=
de, deren er in Zeit von einem Jahr in
Menge erhielt, machten ihm begreiflich,
daß sich für einen reichen Mann, wie er,
keine bürgerliche Wohnung schicke. Die
Bänder an den Bundschuhen wurden in
Silberschnallen, und die runde Perrücke
in eine länglichte verwandelt. Die We=
sten bekamen goldene Franzen, der Man=
tel handbreite Tressen; aus dem Rock=
ermel

ermel guckten Manschetten hervor, und
das bürgerliche Rohr wurde durch einen
goldenen Knopf nobilitirt.

Mit der Frau Lisel war eine eben so
schnelle Verwandlung vorgegangen. Sie
schlief nun immer um ein paar Stunden
länger, als in ihrem Städtchen; machte
dann Toilette; trank ihren Kaffee entwe=
der im Bette, oder auf dem weichen Ka=
napee; spielte Karten; ging den Hans=
wurst sehen, und schickte sich überhaupt
so gut in die bürgerliche Dame, daß sich
ihr Herr Jakob nicht genug darüber ver=
wundern konnte.

Nur mit einer einzigen Sache hatte es
seine Schwierigkeit, und das war der
Geschlechtsname des Herrn Jakobs. —
Die

Die Frau Lisel brachte also diese kritische
Sache bey erster Gelegenheit in Vor=
schlag.


Nun wäre alles in Ordnung, Schaz,
sagte sie, bis auf unsere Namen —

J. Ich hab auch schon daran gedacht,
mein Engel —

L. Sag nur selbst, Schaz, ob das sich
schickt, daß dich die Leute H e r r  J a=
k o b und mich F r a u  L i s e l nennen?

J. Freilich nicht — wir müssen uns
halt bey meinem Zunamen nennen lassen.

L. Wenn er nur nicht so wunderlich
kläng, Schaz — — Wie heißt er?

J. Trommler, mein Engel —

L. Heilige Anna! nein, eher will ich
gar keinen Namen haben, als diesen.

J. Ich kann nicht dafür.  Mein Vater

ter hat Johann Trommler geheis-
sen, und ich heiß Jakob Trommler.

L. Wie ich dir gesagt habe, Schaz,
eher gar keinen Namen. Ich würde vor
Schande in die Erde sinken, wenn mich
Jemand Frau Trommlerinn hieß—

J. Was ist da zu thun?

L. Könnten wir denn den Namen nicht
etwas verändern? Es sollen es ja schon
mehr Leute so gemacht haben —

J. Nein, mein Engel, da wird nichts
draus. An meinem Namen laß ich keinen Strich ändern. Wenn's dir aber
nicht Recht ist, so nenn du dich meinetwegen, wie du willst.

Gute Nacht, sagte Frau Lisel, und legte sich verdrüßlich auf die andere Seite—

Sie

Sie konnte aber kein Auge zumachen, so schwer lag ihr die Trommlerinn auf dem Herzen.

Man sagt, die Nacht sey des Menschen Feind. Indessen kommen doch die besten Gedanken bey der Nacht. Ihre feyerliche Stille erhebt den Dichter zur Begeisterung — reifet die Plane des Feldherrn, und so führte sie nun auch unserer Frau Lisel den glücklichen Gedanken zu: sich nobilitiren zu lassen —

Nun war es ihr nicht möglich, ganz den Anbruch des Tags zu erwarten. Sie zupfte also beym ersten Schimmer der Dämmerung den Herrn Jakob an der Nase —

J.

J. Was willst d' mein Schaz? Fehlt dir was?

L. Nein, mein Engel —

J. Nu! so hätteſt mich ſchlafen laſ= ſen — alles kann ich leiden — nur nicht an der Naſe zupfen —

L. Sey nur nicht bös, Schaz; aber mir iſt ein guter Gedanke eingefallen, und den hab ich dir ſagen wollen — — Wie wär's, mein Engel, wenn wir uns ein Prädikat kauften?

J. Es könnt' einem nicht närriſcher träumen.

L. Warum denn? mein Engel. Es gibt ja in Wien eine Menge Bürger, die ſich den Adelſtand gekauft haben — und kurz, Trommlerinn heiß ich dir nicht —

J.

J. So kauf dir meinetwegen, was du willst — —

L. Wenn du bös bist, so will ich lieber — —

J. Wer sagt denn, daß ich bös bin?

L. Ich darf also um's Prädikat für dich einkommen? —

J. Nun! ja, meinetwegen — —

L. O du Engel von einem Mann!

— — — — — — — —

— — — — — — — —

Die Sonne guckte kaum ins Zimmer, so mußte der Bediente nach dem berühmtesten Advokaten laufen. Dieser verfertigte die Schrift, und war so glücklich, in einer alten Chronik ungemeine Verdienste der Trommlerischen Familie zu finden.

Die

Die Frau Lifel empfahl indeſſen ihre Angelegenheit einem guten Freunde; dieſer empfahl ſie der Frau des Sekretärs; dieſer ſprach dann mit der Frau des Referenten aus der Sache — und da ſie ihrer Empfehlung einen gewiſſen Nachdruck zu geben wußten, ſo war in wenigen Wochen das fiat da.

Der Adelsbrief wurd ihr dann ins Haus geſchickt. Sie küßte ihn vor Freuden — und auch ihr Mann mußte ihn küſſen. Dann mußte der Bediente und das Stubenmädchen ſammt der Köchinn erſcheinen, und als auch dieſe ihn geküßt hatten, deutete ſie ihnen an, daß ihr Herr Jakob, der Edle Herr von Trommelsberg, und ſie, die Edle Frau von Trommelsberg heiße, und daß

daß man sich ja nicht unterstehe, sie an=
ders, als Ihr Gnaden zu nennen.

Unser Herr Jakob machte während der
ganzen Handlung ein Gesicht, wie unge=
fähr ein Nachtwächter machen würde,
der sich zum Bürgermeister erwählet säh.
Er wußte nicht, wie ihm geschah. Am
meisten setzte ihn der Anstand in Erstau=
nen, den sich seine Frau Lisel dabey zu ge=
ben wußte. Es fehlte auch wenig, so
hätte er sie selbst Euer Gnaden ge=
heißen.

Als diese Funktion vorüber wär, muß=
te ihr Herr Jakob den Inhalt des Di=
ploms vorlesen; denn die Edle Frau
von Trommelsberg kannte nicht
einmal das ABC. Was deine Voräl=
tern

tern doch für große Männer waren! sag=
te Frau Lisel, als er auf die Verdienste
seiner Ahnen kam —

Ich will nicht Jakob heißen, versetzte
Herr Jakob, wenn ich in meinem Leben
was davon gehört habe, und ich versiche=
re dich, Weib, ich würde das ganze Ding
für einen Spaß halten, wenn mich der
Spaß nicht über tausend Gulden kostete.

Es muß doch wahr seyn, sagte Frau
Lisel, sonst würd's ja nicht hier stehn.

Ja! ja! sagte Herr Jakob, und
kratzte hinter der Perrücke.

————————

# Sechzehntes Kapitel.

Herr Jakob fängt an als Edelmann zu denken.
Wie weit er's darin bringt. Frau Lisel
spielt die Dame. Es begegnet ihr ein
abscheulicher Streich. Der Autor moralisirt. Frau Lisel bekommt Equipage.

So sehr Herr Jakob bey sich über die
Verdienste seiner Ahnen und seine eigenen
lachte, so gefiel es ihm doch, daß ihn die
Leute nun den Herrn von Trommelsberg
hießen — und wie nichts schneller im
menschlichen Herzen um sich frißt, als
Stolz, so beredete ihn seine Eigenliebe
nach und nach, daß er wirklich eine wich=
tige Person in der Monarchie sey, und
daß alles, was von ihm und seinen Ah=
nen im Adelsbriefe stand, auf den Buch=
staben

ſtaben wahr ſeyn müſſe. — Er ſtreckte
alſo den Hals, den er als Herr Ja=
kob ziemlich gekrümmt trug, nun viel
gerader empor, und ſein Bauch bekam
einen anſehnlichen Vorſprung.

Bey allem dem konnte er es aber,
gleich viel andern geadelten Bürgern,
nicht dahin bringen, ſein Herz dem Mit=
leide zu verſchließen, oder auf ſeine Mit=
menſchen mit Verachtung herab zu ſehen.
Wenn er ſich alſo gleich für etwas beſſer
hielt, als er war, ſo hielt er die an=
dern deßwegen nicht für ſchlechter.

Die Frau von Trommelsberg gab es
indeſſen ſchon höher, und ſeitdem ſie
den Adelsbriefe im Hauſe hatte, war ſie
für keine Bürgersfrau mehr zu ſprechen.

K                    Sie

Sie war also durch und durch eine gnä=
dige Frau geworden, und ihre Thorheit
ging so weit, daß sie sich, so oft sie je=
manden redend einführte, selbst Euer
Gnaden hieß. Sie mußte freilich man=
che Demüthigung erfahren; sie betrug
sich aber dabey so gleichgültig und unbe=
kümmert, als wäre sie eine geborne Da=
me gewesen.

Indessen begegnete ihr doch ein Fall,
der sie aus dem Teller ihrer Unempfind=
lichkeit herausschmiß.

Es kam eben damal unter dem hohen
Adel die Mode auf, mit blossem Kopf zu
gehen. Unsre Frau Lisel war die erste,
die sie nachmachte. Das wär ihr zu ver=
zeihen gewesen; sie beging aber die Thor=
heit,

heit, in dieser Thorheit zu Fuß über den
Graben zu spazieren. Die Leute sahen
es ihr an, daß sie nicht immer die Da=
me gespielt hatte. So damenmäßig auch
ihr Wuchs war, so wußte sie sich doch
gar nicht in die adelige Kleidung zu schi=
cken. Sie zog also den Mantel bald auf
die rechte, bald auf die linke Seite, und
hatte vorne an der Schleife immer was
zu verbessern. So sah man es auch ih=
rem schönen Füßchen an, daß es nie das
Glück gehabt, unter den Händen eines
Tanzmeisters zu seyn — Kurz, es blick=
te die Köchin durch die gnädige Frau her=
aus. Doch da sie wirklich ein schönes
Weib war, so wagten die Leute es doch
nicht, ihr laut unter die Nase zu lachen,
sondern lachten bloß in die Mäntel, und
in die Faust.

Nun

Nun aber führte ihr Unglücksstern einen groben Bauer daher, der im Dörfchen des Herrn Pfarrers zu Hause war. Er stutzte — Die Phisiognomie sollt' er kennen — — Gott straf mich, sagt' er, das ist unsre Pfarrerlisel! — Er lauft also auf sie zu, und schrie mit einer Stimme, die den ganzen Graben durchscholl: O Jemini! Frau Lisel! d'Frau hat ihre Haubn verlorn! —

Jeder mahle sich nun diese Scene selbst aus, so gut er kann. Mein Pinsel ist zu schwach — Die Frau Lisel ward halb ohnmächtig nach Haus gebracht, und sie hatte es wirklich ihrer guten Natur zu verdanken, daß sie nicht ums Kind kam.

„Nach

„Nach dieser schrecklichen Demüthi=
gung wird sie wohl in sich gegangen
seyn?"

Man hätt' es vermuthen sollen. Allein
Strafen bringen nicht immer die Wir=
kungen hervor, die wir uns von ihnen
versprechen. Die Folge dieser Demüthi=
gung war, daß sie nicht mehr zu Fuß
gehen wollte, und daß ihr Herr Jakob
eine Equipage halten mußte.

—————

## Siebenzehntes Kapitel.

Frau Lisel kommt in die Wochen. Die Stimme der Natur läßt sich hören. Frau Lisel wird krank. Herr Jakob thut einen schrecklichen Schwur.

Nun war der glückliche Tag angelangt, an dem Frau Lisel das Trommels= bergische Haus mit einem Leibeser= ben erfreute. Die Hebamme versicher= te, daß sie noch nie ein schöners Mäd= chen gesehen haben, und die übrigen Damen versicherten es ebenfalls. Sie fanden auch, daß es der schönen Mut= ter auf das Haar gleich sah, und was sonst die Frauen bey solchen Gelegen= heiten noch alles zu finden pflegen.

Der

Der Herr Jakob schrieb Jahr, Tag,
und Minute in den Kalender, und gab
darauf ein prächtiges Kindelmahl. Und
wenn ihm gleich ein Knabe lieber gewesen wäre, so war er doch denselben Tag
so aufgeräumt, daß er, zu nicht kleinem
Aerger der Kindbetterin, sogar seines A-
delstandes vergaß, und gerade zu auf die
Gesundheit seiner l i e b e n L i s e l, und
der kleinen T r o m m l e r i n trank —

Nun meldete sich auch wieder einmal
die Stimme der Natur in dem Herzen der
Frau Lisel; so wie sie sich bey dieser Gelegenheit in dem Herzen mancher Dame
hören läßt. Sie wollte ihr Kind selbst
stillen. Ihre Freundinnen versicherten sie,
daß dieß nur unter Bürgersweibern und
Bäuerinnen gewöhnlich sey, und so überließ

ließ sie dann diese heilige, diese süße
Pflicht einer — Amme.

Die Natur bestraft jede Sünde, die
wir an ihr begehen. So mußte auch
Frau Lisel ihre mütterliche Handlung
mit einer tödtlichen Krankheit bezahlen;
allein sie wollte lieber krank seyn, als
eine Pflicht ausüben, die sich nur für
gemeine Weiber schickte.

Du Schaz, sagte Herr Jakob, als er
am Bette saß, und ihr krankenwartete,
es wär' doch besser gewesen, du hättest
unsrer kleinen Nanette die Brust gegeben.

Mein Gott, versezte Frau Lisel, daß
du mir immer mit der nämlichen Sache
kommen kannst! Ich hab' dir ja schon
gesagt,

gesagt, daß sich dieß für uns Adelige
nicht schickt —

Ich bin gleich wieder hier — sagte
Herr Jakob, und ging auf sein Kabi=
net — Sie sah ihn wenige Minuten dar=
auf mit dem Diplom unter'm Arme zu=
rück kommen, und wieder seinen Plaz ein=
nehmen. Darauf fing er an, ohne sich
durch die Fragen seiner Frau Lisel im ge=
ringsten unterbrechen zu lassen, ihr den
Inhalt von Wort zu Wort vorzulesen,
und als er zu Ende war, sagte er: Schau
Schaz, im ganzen Adelsbrief steht keine
Silbe, daß ihr eure Kinder nicht selbst säu=
gen sollt, und es würde doch gewiß darin
stehen, wenn sich so was für den Adel
nicht schickte. Und damit du's nun
weißt: das erste Kind, das du kriegst,

mußt

muſt bu ſelbſt ſtillen, und das ſo wahr
ich Jakob Trommler heiſſe.

Lieber Gott, ſeufzte Frau Liſel, der
Mann will doch gar nicht den Bürger
ausziehn — — —

———

# Achtzehntes Kapitel.

Der Schwur kommt nicht in Erfüllung. Die
kleine Nanette bekommt eine Guvernan,
te. Die Leser werden mit dem Geschmack
des Herrn Jakobs bekannt. Frau Lisel
fällt in Ohnmacht.


Der Genius der Noblesse wollte nicht,
daß die Drohung des guten Jakobs in
Erfüllung komme. Die schöne Nanette
war das erste, und das letzte Pfand
ihrer Liebe. Dafür ward sie aber auch
der Brennpunkt, in welchem die Stralen
väterlicher und mütterlicher Zärtlichkeit
zusammen liefen.

In dieser wohlthätigen Wärme war
sie

sie nun auch bis an ihr drittes Jahr her=
an gewachsen. Mit jedem Tage entwickel=
te sich ein neuer Reiz. Wer sie sah, er=
staunte über ihre Schönheit. Niemand
bewunderte sie aber mehr, als ihre eige=
ne Mama.

Der deutsche Adel fing damal an, sei=
ne Kinder durch Franzosen und Franzö=
sinnen erziehen zu lassen. Die Frau Lisel
glaubte, daß sie sich an ihrem Adelstande
versündigte, wenn sie diese Mode nicht
mitmachte. Sie wollte der kleinen Na=
nette schon im ersten Jahre eine Guver=
nante geben; der Herr Jakob aber war
der Meinung, daß es damit Zeit hätte,
bis sie zu reden anfing. Sie bekam
sie also erst im dritten Jahr.

Die

Die Perſon war aus dem Lande zu
Haus , wo man Je avions ſagt. Sie
diente bey einem Pächter, und hatte
die Aufſicht über ſeinen Kuhſtall. Als
ſie aber von dem Glücke hörte, das ei=
nige ihrer Landsmänninnen in Deutſch=
land als Gouvernantinnen gemacht ha=
ben ſollen, verließ ſie die f r a n z ö ſi=
ſ ch en K ü h e, um dafür d e u t ſ ch e
D e m o i ſ e l l en unter ihre Aufſicht zu
nehmen.

Sie war auch ſo glücklich, alſogleich
bey einem Landjunker einen Plaz zu fin=
den. Von da kam ſie zu einem Hof=
rath; vom Hofrath zu einem Baron,
und von dieſem zur Fran Liſel. —

Unſre Franzöſinn iſt eine recht brave
Perſon, ſagte Frau Liſel. —

So ?

So? sagte Herr Jakob —

L. Sie plaudert unserm kleinen Engel
von der Frühe bis auf die Nacht vor,
und bringt den ganzen Tag das Maul
nicht zu. Die kleine Spitzbübin pap=
pelt ihr auch schon nach —

J. Das wär! — — —

L. Und weißt du auch, Schaz, daß
ich und die Gouvernannte uns recht gut
verstehn?

J. Kannst du denn französisch, mein
Engel?

L. Nein, mein Schaz; aber sie kann
etwas deutsch — — —

So? sagte Herr Jakob, und ging
zum Zimmer hinaus.


Meine schönen Leserinnen werden viel=
leicht aus dem ungewöhnlich trocknen
Tone

Tone des Herrn Jakobs ein Misver=
ständniß zwischen ihm und der Frau Li=
sel vermuthen; allein die Sache verhielt
sich ganz anders.

Herr Jakob versprach der Frau Lisel,
wie Sie sich vielleicht noch erinnern
werden, ein Präsent, das kein schiefes
Auge ansehen sollte, wenn es mit ihrer
Schwangerschaft seine Richtigkeit hätte.

Er war der Mann, sein Wort zu
halten; weil er aber zugleich ein Freund
vom Uiberraschen war, so wollte er
nicht erst ihren Geschmack zu Rathe zie=
hen, sondern glaubte, so wie viele an=
dere Männer, daß alles, was ihnen
gefällt, auch ihren Frauen gefallen müsse.

Er

Er kaufte also den reichsten Stoff,
der nur zu bekommen war. Es ließ sich
in dieser Art auch nicht leicht was Schö=
ners denken. Der Grund war von Sil=
ber und Gold, und die Blumen darin
könnte die Natur nicht schöner und leb=
hafter hervor bringen. Nur hatte es mit
diesem schönen Stoff den kleinen Um=
stand, daß er seit mehr als zwanzig
Jahren außer Mode, und nun höch=
stens an Kirchenornaten und Mutter=
gottesbildern zu sehen war.

Niemand bildete sich indessen mehr
auf diesen Kauf ein, als Herr Jakob. —
Er sah seine Frau Lisel im Geiste, wie
sie vor Freude über dieses Geschenk rö=
ther und schöner als die Blumen des
Stoffes wird, und seinen feinen Ge=
schmack

schmack an den Himmel erhebt. Nur
war er in Verlegenheit, was für eine
Art von Kleid er daraus verfertigen
ließ; als ihm sein böser Dämon, der
ihn nun einmal zum Närren hatte, das
Brautkleid der Frau Lisel eingab:

Er erinnerte sich, daß dieses Kleid,
nach der letzten Mode, und zwar in Wien
verfertiget worden, und daß seine Frau
Lisel darin zum Fressen ausgesehen habe.
Nur vergaß er abermal, daß es nun neun
volle Jahre gewesen, und daß eine Mo=
de selten über einen Monat währe. —
Hätte er den gewöhnlichen Schneider
der Frau Lisel kommen lassen, so würde
ihn dieser sicher von seiner zweiten Sot=
tise abgehalten haben. Der Mann hat=
te seinen Vater über sechstausend Gul=

den

den deutschen Geldes gekostet; dafür
lernte er aber französische Stiche ma=
chen, und wurde in alle Schneiderge=
heimnisse eingeweiht. Er unterhielt auch
eine förmliche kritische Korrespondenz
mit Frankreichs ersten Meistern, und die
Damen zogen ihn bey allen Modeange=
legenheiten zu Rathe.

Allein Herr Jakob verließ sich nicht
allerdings auf seine Verschwiegenheit,
und schickte also nach einem Schneider,
der selbst seit zehn Jahren den Namen
Mode kaum nennen gehört. Das neue
Kleid wurde also, so wie es Herr Ja=
kob verlangte, ganz nach dem Model
des Brautkleides verfertigt.

Frau Lisel hatte eben große Gesell=
schaft

schaft bey sich. Wart, sagte er, ich will
den Weibern ein wenig Galle machen;
wickelte also das neue Kleid in ein gros=
ses Tuch, und trug es eigenhändig in
die Assemblee.

Gewiß ein Kindbettgeschenk! riefen
die Damen ihm zugleich entgegen.

Ja meine gnädigen Frauen, sagte
Herr Jakob. Ich habe es meiner Frau
versprochen, und ich bin ein Mann von
Wort.

Das muß was Schönes und Kost=
bares seyn — denn der Herr von Trom=
melsberg ist ein Mann von Geschmack —
sagte eine junge Dame —

Ja

Ja, ja, das ist er — sagten alle Damen zugleich —

Aber so laß es uns doch sehen, was es eigentlich ist, mein Engel, sagte Frau Lisel, indem sie sich an der Betschnur empor hob —

Wenn es die Damen erlauben, ver= setzte Herr Jakob, und schlug das Tuch auseinander.

Die Damen fingen an zu kickern; einige brachen in ein lautes Gelächter aus — Frau Lisel warf einen Blick voll Zorn auf den erstaunten Herrn Ja= kob, und fiel in Ohnmacht.

Was haben Sie ums Himmelswil= len

len gemacht, Herr von Trommelsberg
— ſchrieen die Weiber? Wenn nun Ihre
Frau ſtirbt —

Aber lieber Gott, erwiederte Herr
Jakob, hab ich denn vorher ſehen kön=
nen, daß ſie vor Freuden in Ohnmacht
fallen wird?

Himmliſcher Vater! vor Freuden?
Vor Zorn müſſen Sie ſagen — Das
iſt ja ein Kleid, wie man zu Kaiſer
Bartholomäus Zeiten getragen hat —

So, ſagte Herr Jakob, das hab ich
nicht gewußt. Aber ſie hätt's ja nur
ſagen dürfen. Ich will ihr gern ein
anders machen laſſen —

Die

Die letzte Rede brachte Frau Lisel
wieder zu sich —

Nein, mein Engel, sagte sie mit
schwacher Stimme — Ich verlang mir
kein anders Kleid — ich weiß, daß du's
gut gemeint hast — aber weil es doch
schon so gar aus der Mode ist, und ich
mich ohnehin beym Niederkommen nach
Mariazell verlobt habe, so bitt ich dich,
daß du der Muttergottes damit ein Präsent machst.

Und das Kleid kam nach Mariazell — —

# Neunzehntes Kapitel.

Herr Jakob will eine Scharte auswetzen. Läßt etwas aus Frankreich kommen. Gesteht endlich selbst, daß er lauter Eselstreiche mache.

Herr Jakob dachte nun immer daran, wie er die Scharte wieder auswetze — Einer seiner Bekannten hatte für seine Frau einen artigen Wagen aus Frankreich kommen lassen.

Holla! sagte er bey sich, ich will meiner Frau auch einen verschreiben. Dießmal kann ich keinen Schnitzer wider die Mode machen. Frankreich ist ja das Modeland — Und so ersuchte er seinen Freund, ihm einen ähnlichen Wagen

gen zu bestellen; nur müßte ein Wap=
pen darauf seyn, das sich für ihn schickte.

Es vergingen fast zwey Jahre, ohne
daß Herr Jakob von seinem Wagen et=
was hörte. Wenn der zehnte Theil der
Franzosen damal Wagner gewesen wä=
ren, so hätten sie kaum genug Wägen für
den deutschen Adel verfertigen können.

Endlich erhielt er Nachricht, daß sein
Pariserwagen bey seinem Freunde ange=
langt sey.

Er eilt hin — Nun, sagte er, will
ich meiner Lisel einmal eine Freude ma=
chen, die sie nicht vermuthet — und ich
will doch sehen, ob mich die Weiber dieß=
mal auslachen werden.

Der

Der Wagen war wirklich auch über
alle Erwartung schön. Aber das Wap-
pen? Hätte Herr Jakob anhaltend kolerisch seyn können, er würde das Wap-
pen und den Wagen in Trümmer zer-
schlagen haben —

Ich möchte fast noch jetzt wetten,
daß es ein boßhafter Einfall des Franzosen war. Wie konnt' es sonst jemand
einfallen, auf einem Paradewagen vier
grosse Feldtrommeln anzubringen?

Herr Jakob blieb mit übereinander
geschlagenen Händen vor seinem Wagen
stehen. Sein Gesicht war gegen Himmel
gerichtet, und eine Thräne gleitete die
Wange herab —

Zwey

Zwey ganze Jahre freute er sich auf
den Pariferwagen — — und nun seine
ganze Freude auf einmal zu Waſſer!

Was ſoll er mit dem Wagen anfan=
gen? Wird die Frau Liſel, die nicht ein=
mal Trommlerin heiſſen wollte, nun
wohl zwiſchen vier Trommeln ſpazieren
fahren?

So kann ich meiner Liſel denn gar
keine Freude mehr machen! ſeufzte er
laut — So muß ich dann, ſeitdem ich
Reichsritter bin, lauter Eſelſtreiche be=
gehn!

———

Zwan=

# Zwanzigstes Kapitel.

Der Fehler des Herrn Jakob wird gut ge=
macht. Ein deutscher Künstler wird be=
lohnt. Herr Jakob erscheint als Patriot.

Wo nun Herr Jakob immer stand
und ging, hatte er die vier Feldtrom=
meln im Kopfe, und da war es dann
kein Wunder, daß er alles, was ihm
die Frau Lisel von der Gouvernante sagte,
nur halb hörte, und dann immer solche
Antworten darauf gab, die Leute zu ge=
ben pflegen, die etwas nur halb hören.

Warum er aber so plötzlich die Scene
abbrach, und zum Zimmer hinaus eilte,
geschah deßwegen, weil er besorgte, die
Frau Lisel möchte ihm den Verdruß an=
merken,

merken, und dann, wie es immer ihre
Gewohnheit war, das Motiv wissen
wollen; und da hätte ihr Herr Jakob
lieber einen Ehebruch (wenn er nämlich
zu so einer Galanterie nicht zu bürger-
lich gedacht hätte) als seinen zweyten
Schnitzer eingestanden.

Doch meine Leser werden vielleicht be-
gierig seyn, zu wissen, wie sich dann
die ganze Trommelgeschichte endigte?
Sie nahm den natürlichsten Ausgang
von der Welt.

Herr Jakob machte es, wie die meisten
Menschen. Anstatt auf Mittel zu sinnen,
wie dem Uibel abzuhelfen sey, stellte er
sich oft zu Stunden vor dem Pariserwagen hin, und seufzte, bis ihm endlich
sein

sein Freund zu verstehen gab, daß der
Fall so verzweifelt eben nicht wäre.

Laſſen Sie die Trommeln verſtreichen,
ſagte er ihm, und etwas anders dafür
hinmalen. Daran dachte ich nicht, ver=
ſetzte Herr Jakob; aber glauben Sie,
daß es ſich thun läßt?

F. Warum denn nicht?

J. Wir werden aber den Wagen wie=
der nach Paris ſchicken müſſen?

F. Dafür laſſen Sie mich ſorgen —

Kurz es fand ſich ein deutſcher Künſt=
ler, der die franzöſiſchen Trommeln ver=
wiſchte, und dann in eben ſo ſchönen
Lack vier kleine Liebes = Götter in ver=
ſchiebenen Grupen dafür hinmalte.

Was

Was für ein göttlicher Wagen, schrieen
die Damen, als Frau Lisel darin das
erstemal zur Kirche fuhr — und was für
allerliebste Kinderchen darauf angebracht
sind! — — wahrlich! so etwas läßt sich
nur in Paris machen — —

Ja, ja, sagte Herr Jakob bey sich:
mich erwischen die Franzosen nicht mehr
— Er bezahlte den Künstler so großmü=
thig, als sonst der deutsche Adel —
fremde Künstler zu bezahlen pflegt,
und es lief ihm dabey etwas über den
Buckel, das dem Gefühl von National=
stolz, oder Patriotismus ähnlich war.

Doch es ist im Ernste Zeit, daß wir
uns wieder nach der kleinen Nanette
umsehen.

Ein=

# Einundzwanzigstes Kapitel.

### Erziehung der schönen Nanette.

Diese lernte also von der Gouvernan=
te schlecht Französisch, und von der Frau
Lisel schlecht Deutsch; die Religion lernte
sie aber von der Kindermagd, und das
noch um einige Grade schlechter als die
Sprachen. Darüber kam es dann auch
zwischen Herrn Jakob und Frau Lisel zu
manchen Debatten.

Der gute Mann hatte, wie wir schon
gehört haben, manche Augenblicke, wo
ein gewisses Ding, das wir Vernunft
nennen, in seinem Kopf den Ton angab.
Er fand also in solcher Stimmung an
dem

dem katholiſchen Unterrichte
der Magd immer etwas zu tadeln.

So konnte er nicht leiden, daß man der
Kleinen den Kopf mit Legendmährchen
anfüllte; daß man ſie vor dem Schlafen=
gehen mit Weihwaſſer beſprizte u. ſ. w.
Allein es vergingen oft nicht drey Tage,
und die erſten Grundſätze ſeiner Erzie=
hung hatten wieder das Steuerruder in
Händen; und da ſah man dann den gu=
ten Herrn Jakob, die kleine Nanette auf
dem Schoos, ihr ſelbſt die Geſchichte der
unſchuldigen Kindlein, oder ſonſt eine
Geſchichte erzählen, und ihr mit eben
demſelben Weihwaſſer den väterlichen
Segen ertheilen.

So oft er alſo mit ſeiner Kritik ange=
ſtochen

stochen kam, warf Frau Lisel einen spöt=
tischen Seitenblick nach ihm, und ant=
wortete blos:  Mein Schaz,  du
machst es selbst nicht besser.

———————

# Zweiundzwanzigstes Kapitel.

Besonderes Sistem der Frau Lisel. Was für
eine Seele die schöne Nanette hatte.

Frau Lisel hatte den Grundsatz, daß in
einem schönen Körper auch eine schöne
Seele wohnen müsse. — Das hat
ja schon Sokrates gesagt. —
Das mag seyn; aber Frau Lisel hat si=
cher vom Sokrates nie etwas gehört.
Ohne mich also in eine kritische Untersu=
chung einzulassen, wie dieser Satz in ih=
ren Kopf gekommen sey, und ob dasjeni=
ge, was Frau Lisel eine schöne See=
le nannte, gerade eben das nämliche
Ding gewesen seyn mag, was den weisen
Sokrat zum schönen Alcibiades
hinzog; was Petrarch an seiner

Lau=

Laura besang; an Lottchen Wer=
thern zum Selbstmörder machte, und
an der siebenzigjährigen Ninon noch
Herzen eroberte, hab ich immer die Pflicht
des Geschichtsschreibers erfüllt, wenn
ich sage, daß nun Frau Lisel einmal die=
sen Grundsatz hatte; daß sie mit Herrn
Jakob sehr oft darüber sprach, und daß
sie, wenn dieser manchmal daran zu zwei=
feln schien, wohl auch sich selbst zum Be=
weise anführte.

Vermög dieses Grundsatzes glaubte sie
nun, daß sie bey ihrer Nanette nichts
weiter zu thun hätte, als die Kultur ih=
rer Schönheit zu besorgen, und daß die
schöne Seele dann schon von selbst
sich mit dem Körper ausbilden würde.
Die schönste Blume im Treibhaus kann

also

also schwerlich einer fleißigern Wartung
genießen, als die schöne Nanette in die=
sem Punkt von ihrer Mutter erhielt. Ein
Tanzmeister mußte dem zarten Füßchen
die Richtung geben, und die übrigen Glie=
der des Körpers in eine adelige Lage
bringen.

Wär's nicht besser Schatz, sagte Herr
Jakob, wenn wir unsre Kleine eher ge=
hen lehrten? Lieber Gott, versetzte Frau
Lisel — du bleibst doch immer der alte
Jakob — — — — — —
— — — — — — — —

Wenn sie schlief, mußte sie die Magd
fächeln, und die Mücken verjagen; kein
kühles Lüftchen durfte die zarte Wange
küssen, und kein Sonnenstral über eine
Sekun=

Sekunde auf ihren Rosen verweilen.
Dafür sah aber Frau Lisel zur innig=
sten Herzensfreude die Schönheitsknospe
der kleinen Nanette sich schon im 12ten
Jahre entfalten, und im 14ten in voller
Blüthe da stehen.

„Allein die schöne Seele —
Ha! ha! die wird sauber ausgesehen ha=
ben. Bey so einer Erziehung! Was kann
da daraus werden, als eine schöne Blu=
me ohne Geruch, ein Bild ohne" —

Vergeben Sie mir, schöne Leserinnen,
wenn ich Ihre Wißbegierde nicht im näch=
sten Kapitel befriedigen kann. Sie dürfen
aber, falls Ihnen zu sehr an der schö=
nen Seele gelegen seyn sollte, nur
das vierundzwanzigste nachschlagen.

Drey=

# Dreyundzwanzigstes Kapitel.

Der Pfarrer erscheint wieder. Man erwartet
komische Auftritte. Warum der Autor
diese Erwartung nicht erfüllt.

Die Natur hat uns zur Beurtheilung
unsrer eignen Handlungen einen unfehl=
baren Maßstab in das Herz gelegt, und
dieser ist, daß wir bey Handlungen, an
deren Moralität wir zweifeln, uns nur
immer geschwind selbst befragen, ob wir
uns wohl getrauen würden, dieselbe, sie
seyen nun geschehen, oder daß wir sie
erst verrichten wollten, einem würdigen,
tugendhaften Freunde ohne erröthen zu
bekennen.

„Das ist was sehr Altes!“

D

O ja, ganz ſicher — Ich führ' es auch
nur an, um zu beweiſen, daß unſer Herr
Jakob ſeine Erhebung in den Abelſtand,
und ſeine ganze neue Lebensart ſelbſt für
eine kleine Thorheit müſſe gehalten ha=
ben ; denn obgleich er öfters an ſeinen
alten Freund, den braven Pfarrer ſchrieb,
ſo konnte er ſich doch nicht überwinden,
ihm von dem einen oder dem andern
Nachricht zu geben.

Der Pfarrer war indeſſen, ohne es zu
verlangen, von allem nur zu gut unter=
richtet, und hatte ſogar um den komiſchen
Auftritt am Graben gewußt ; nur war er
ſo billig, von allen dieſen Neuigkeiten,
die durch die großmauligte Fama nach
ſeinem Dörfchen gebracht wurden, jeder=
zeit zwey gute Drittel abzuziehen; denn
diese

diese geſprächige Dame hatte aus dem
Bedienten des Herrn Jakobs ein Paar
Heiducken — aus ſeiner Wohnung einen
Palaſt — und aus ſeinen zwey Pferden
einen Zug von Sechſen gemacht.

Aber ſchon blos das übriggebliebene
Drittel war hinlänglich, das Herz des
guten Pfarrers mit Bitterkeit zu erfüllen.
Er ſah ſchon ſo viele Beyſpiele vor ſich,
daß es ſelten einen guten Ausgang nahm,
wenn Bürger den Kawalier ſpielen wollen, und ſtellte alſo dem Herrn Jakob eine üble Nativität.

„So wird das Sprichwort doch wahr
werden!” ſeufzte er; „ſo müſſen doch
alle Ehen übel ausfallen, die wir ſtif-
ten!!” — — — —

Herr

Herr Jakob gab eben große Tafel, als
der Bediente den Herr Pfarrer meldete.

Du Schaz, sagte Herr Jakob, unser
alter Freund, der Pfarrer, möchte gern
seine Aufwartung machen.

Der Pfarrer? schrie Frau Lisel, und
ward bis in die Lippen blaß. Du wirst
ihn doch jetzt nicht vorlassen?

Ja doch, fielen die übrigen Damen
ein — Wir wollen uns schon enger zusammen ziehen — —

Vergeben Sie, sagte Frau Lisel, allein der Mann ist ein bloßer Dorfpfar-
rer, und ganz von der alten Welt — —

Um

Um so besser, versetzten die Herren und die Damen, so bekommen wir etwas zum Lachen —

Hör er, Johann, sag er nur dem Herrn Pfarrer, daß es uns die größte Ehre seyn werde, ihn zu sehen — —

Heilige Mutter Anna! seufzte Frau Lisel bey sich, wenn mich der Mann Frau Lisel nennt, so trifft mich der Schlag. — Doch auch Herr Jakob saß so verwirrt da, daß ihm die ganze Gesell= schaft seine Verlegenheit ansehen mußte; indessen behielt er doch so viel Gegenwart des Geistes, um dem Pfarrer bis an die Thür des Speißzimmers entgegen zu gehen.

Ich

Ich weiß, daß sich nun ein guter Theil
meiner Leser einen ungemein komischen
Auftritt versprechen wird. Die Anlage
dazu könnte auch nicht günstiger seyn.

Welche Verlegenheit! welche Demüthigung für unsere bürgerliche Dame,
wenn sie der Pfarrer Frau Lisel nennte,
oder sie wohl gar daran erinnerte, daß sie
einst seine Köchin gewesen! Oder wenn
er die schöne Nanette, die wie eine kleine
Komtesse geputzt war, Jungfer Na-
nerl hieß — Und vollends welcher
Stoff zum Gelächter, wenn er den edlen
Herrn von Trommelsberg auf dem vertrauten Fuß des Herrn Jakobs behan-
delte! — — —

Allein so sehr ich selbst das Komische
liebe,

liebe, und ſo ſehr ich dafür ſorge, daß es
dem jovialiſchen Theile meiner Leſer (ſo
weit es nämlich in meinen Kräften iſt)
nicht an ihrer Lieblingsſpeiſe mangle, ſo
ſoll es doch nie auf Koſten der Wahrheit
geſchehen — —

Unter den unzähligen Geſalbten des
Heern gab es ſchwerlich je einen, der mehr
Nachſicht, mehr wahres Mitleiden gegen
menſchliche Schwachheiten, und weniger
Anlage zum Bußprediger gehabt hätte,
als unſer guter Pfarrer.

Er trat alſo mit der offenſten, leutſe=
ligſten Miene in den Saal; umarmte ſei=
nen Freund auf das zärtlichſte, und ließ
nicht einmal das geringſte Lächeln entfal=
len, als er den alten Jakob in einer un=
geheuern

geheuern Fakultätsperrücke erblickte.
Darauf begab er sich zur Frau Lisel, bat
sie um Vergebung, daß er die Gesellschaft
derangire, und um sie ja über den Haupt=
punkt ihrer Furcht zu beruhigen, nannte
er sie Euer Gnaden, und ihren
Mann den Herrn von Trom=
melsberg.

So etwas hatte Frau Lisel nicht er=
wartet. Wenn sie also über seine Ankunft
bis in die Lippen blaß geworden, so wur=
de sie nun bey dem Titel Euer Gna=
den bis an die Ohrläppchen roth, und
es war ihr nicht möglich, ihm während
der ganzen Tafel, ohne Erröthen, ins
Gesicht zu sehen.

Der Pfarrer munterte indessen die
ganze

ganze Gesellschaft auf, und zeigte soviel
Witz, und soviel feine Lebensart, als
wär' er zehn Jahre Hofprediger gewe=
sen. Alles bewunderte ihn; die Da=
men vergaßen seine grauen Haare, und
flüsterten sich ins Ohr, „daß es doch
ewig Schade sey, daß dieser Mann
nicht Bischof ist."

Vor allem nahm sich der Pfarrer in
Acht, der vorigen Zeiten nicht mit einer
Silbe zu erwähnen, wodurch er dann
endlich auch das noch immer pochende
Herz der Frau Lisel, und das im Herrn
Jakob sich empörende Schamgefühl so
gut zu stillen wußte, daß sie mit vieler
Ungezwungenheit an der allgemeinen
Freude Theil nahmen. Herr Jakob um=
armte seinen alten Freund alle Augenbli=
cke,

cke, und Frau Lisel vergaß sich in ihrer
Freude so weit, daß sie ihm, zur nicht ge=
ringen Verwunderung der übrigen Da=
men, zweymal die Hand küßte.

Er blieb drey Tage bey seinem Freund,
und jeder Tag war ein Fest. Als er nun
nach seinem Dörfchen zurückkehrte, und
Herr Jakob ihn allein die Treppe hinab
begleitete, drückte er ihm freundlich die
Hand, und sagte blos die Worte: „Es
freut mich von Herzen, Sie so glücklich
und vergnügt angetroffen zu haben. Sie
thun wohl, daß Sie Ihre Glücksgüter
genießen — Sie denken aber auch zu ver=
nünftig, um einen Gebrauch davon zu
machen, der Sie gereuen könnte.”

Darauf folgte noch eine Umarmung,
und

und der Pfarrer ſtieg in den Wagen;
denn Herrn Jakob aber waren die letz=
ten Worte ſeines Freundes tief in
die Seele gefallen. — —

Vier=

# Vierundzwanzigstes Kapitel.

Die Leserinnen haben sich abermal geirrt.
Die schöne Nanette verliebt sich.

Es giebt in der phisischen und morali=
schen Welt gewisse ausserordentliche Er=
scheinungen, die wir, weil wir den Grund
davon nicht einsehen, ein Spiel der
Natur zu nennen pflegen.

Sie werden es mir also schon verzeihen,
wenn ich sage, daß die Natur (falls es
nicht eine kleine Rache an der Erziehungs=
kunst war, und falls es mit dem Sistem
der Frau Lisel nicht etwan seine Richtig=
keit habe) auch mit der Seele der schö=
nen Nanette ihr Spiel trieb ; denn so
zweckwidrig auch ihre Erziehung, und so

N            sehr

sehr auch alles darauf angelegt war, sie
zur schönen Bildsäule zu machen, so hatte
sie doch die schönste Seele, die je in einem
weiblichen Körper gewohnt hat.

Sie wurde bis zu Thränen gerührt, so
oft sie von einer edlen, großen Handlung
hörte. — Sie sprach und dachte von der
ganzen Welt gut, und hätte gern alles
um sich her glücklich gesehen — Sie putz=
te sich blos, weil sie dadurch ihrer Mut=
ter ein Vergnügen machte — Sie hatte
zu viel Verstand, um nicht das Lächerli=
che ihres Adelstolzes einzusehen, und
doch trug sie die zärtlichste Liebe, die tief=
ste Verehrung gegen ihre Eltern —

Da meine Leserinnen selbst alle schö=
ne Seelen haben, so werden sie schon
aus

aus diesen wenigen Zügen sehen, daß ich
wahr rede.

Allein die ſchöne Seele der guten
Nanette hätte noch zehnmal ſchöner ſeyn
dürfen, ſo wäre ſie doch von der ſchö=
nen Welt ſchwerlich bemerkt worden;
hätte ſie nicht in einem der ſchönſten Kör=
per gewohnt, und wäre die ſchöne Na=
nette nicht die Erbin eines anſehnlichen
Vermögens geweſen. Das Verdienſt
gleicht überhaupt einem guten Stein, der
nur dann Figur macht, wenn er in Gold
gefaßt iſt.

Nun aber ward ſie von Verehrern wie
die Roſe von Bienen umſchwärmt. Alle
wünſchten ſie zur Frau, und die meiſten
hätten ſie, in Rückſicht auf das ſchöne

Vermögen, wohl auch ohne die ſchöne
Seele vom Fleck weg geheurathet.

Der einzige Treuhold hätte gern
Verzicht auf das erſtere gethan, wär ihm
der Beſitz des leztern zugeſtanden worden. — Nur er wußte den ganzen Werth
dieſes vortrefflichen Mädchens, ihre
ſchöne Seele zu ſchätzen, und das
aus dem ſehr natürlichen Grund, weil er
ſelbſt eine ſchöne Seele hatte.

Doch was Treuholds Herz gegen die
ſchöne Tochter der Frau Liſel hinzog, gab
dem truglofen, unverſtellten Herzen der
ſchönen Nanette die nämliche Richtung
nach Treuhold hin.

Sie liebte ihn, und da ſchöne Seelen

ken keiner Verstellung fähig sind, so
gestand sie ihm anfänglich durch Bli=
cke, und als er das erstemal zu ihren
Füssen lag, mit Mund und Hand ihre
Gegenliebe.

———

Fünf=

# Fünfundzwanzigstes Kapitel.

Herr Jakob schlägt eine Partie vor. Wird abgewiesen. Frau Lisel geht mit großen Plänen um.

Herr Jakob hatte, wie wir schon öfters bemerkt haben, die Gewohnheit, die wichtigsten Herzensangelegenheiten hinter den Gardinen abzuthun, und seit er Reichsritter geworden, war dies um so nöthiger, da die Frau Lisel den ganzen Tag durch mit Gesellschaft umgeben war, und er also selten oder gar nie einen Augenblick zur Herzenserleichterung finden konnte.

Er hatte also auch diesmal das Referat ins Bett verspart.

Schaz,

Schaz, sagte er, ich dächte, wir sollen
unsrer Nanette einen Mann geben. Das
Mädel fängt mir an eine Kopfhängerin
zu werden, und überhaupt ist dies eine
Waare, die man nicht lang auf dem La=
ger lassen muß.

Aber mein Engel, versezte Frau Lisel,
warum wollen wir dann die Sache über=
eilen? Mit einer Schönheit, wie unsre
Nanette ist, denke ich, daß es Zeit hätte.

Ich muß dir's nur sagen, Schaz, sag=
te Herr Jakob, daß sie heut der Treuhold
von mir zum Weib begehrt hat. Er ist
ein recht braver, geschickter Mann, und
es kann noch recht was Großes aus ihm
werden. —

Treuhold? sagte Frau Lisel, und lach=
te spöttisch in sich hinein —— Ich glau=
be unmöglich, mein Engel, daß dieß dein

Ernst

Ernſt ſein kann — — Ein Bürgers-
ſohn! — —

Nun! nun! Schaz — unſer Stamm
baum iſt auch ſo alt nicht — — und dann
hat Treuhold ein hübſches Vermögen —

Und wenn er reicher als der türkiſche
Kaiſer wär, verſetzte Frau Liſel, indem
ſie die Stirne runzelte, ſo ſoll er doch
meine Nanette nicht haben — Ich weiß
auch gar nicht, was dir eingefallen iſt,
dieſem gemeinen Menſchen den Zutritt in
unſre Aſſemblee zu geſtatten — Und kurz,
mein Engel, damit du's weißt, unſre
Nanette muß einen Kavalier haben. —

Einen Kavalier! rief Herr Jakob.

Ja, ja, einen Kavalier, fiel Frau
Liſel ein — und vielleicht gar einen
Fürſten — —

Nun

Nun! so sey mir Gott gnädig, sagte
Herr Jakob, und legte sich auf die
linke Seite.

————

# Sechsundzwanzigstes Kapitel

Es werden tiefe Blicke ins weibliche Herz
gethan. Herr Jakob behält Recht.

Ein Weib zeige in allen seinen übrigen
Handlungen eine immer noch so gänsar=
tige Natur, so wird es ihm doch, sobald
es darauf ankommt, dem Willen des
Herrn Gemahls eine selbstbeliebige Rich=
tung zu geben, nie an hohem Verstande
fehlen. Man kann also wohl vermuthen,
daß Frau Lisel in diesem Studium ganz
sicher primam Classem werde gehabt
haben.

Es geschah auch in ihrem Hause sel=
ten etwas anders, als sie wollte, wenn
sie gleich ihrem Gemahle die Ehre ließ zu
glau=

glauben, daß alles nach seinem Willen
geschehe. Sie war also diesmal kaum
aufgewacht, so lenkte sie selbst das Gespräch auf Treuhold.

Du mein Engel, sagte sie, ich habe die
Sache besser überlegt. Treuhold scheint
mir selbst keine üble Partie für unsre Nanette zu seyn, und ich gebe gern meine
Einwilligung dazu — aber eins mußt du
mir zu Gefallen thun — Die Hochzeit
soll erst auf meinem Namenstage vor sich
gehen —. Die jungen Leute, fuhr sie fort,
lernen sich bis dahin besser kennen, und
es ist überhaupt nicht gut, wenn die
Mädl gar zu jung heurathen.

Herr Jakob ließ sich den Vorschlag gefallen, und eilte, dem verliebten Paare
die

die angenehme Nachricht zu bringen.
Die Teufelsweiber! sagte er bei
sich — Sie haben ihre Stutz-
köpfe; aber am Ende muß
doch immer geschehen, was
wir wollen.

Die Sache verhielt sich aber eigentlich
so: Frau Lisel hatte nämlich beym Auf-
wachen gefühlt, daß sie Abends zuvor
einen Bock geschossen habe; denn obgleich Herr Jakob sonst um den Finger zu
wickeln war, so konnte er doch nicht ver-
tragen, daß man ihm geradezu wider-
sprach, und Frau Lisel hatte es aus der
Erfahrung, daß er in solchen Augenblicken den Männerkopf aufsetzte. Sie
wollte also den Fehler gut machen. Im
Grunde aber war ihr nur darum zu thun,

Zeit

Zeit zu gewinnen; da also bis an ihren
Namenstag noch volle eilf Monate hin
waren, so schlug sie diesen Termin zum
Hochzeittage vor, und so blieb ihr Zeit
genug übrig, ihr vom Plane des Herrn
Jakobs so sehr abstehendes Projekt aus-
zuführen.

Nun endlich haben wir das fiat, sagte
Herr Jakob indem er in das Zimmer seiner Tochter trat, wo Treuholt bereits
zugegen war — Am Namenstag eurer
Mutter seyd ihr ein Paar — Sie wollte
nicht daran; aber ich hab ihr gezeigt,
daß ich Mann bin.

Ein höheres Roth umzog die Wangen
der schönen Nanette. Sie blickte zärt-
lich, mit halbschmachtendem Blicke nach

ihrem

ihrem Treuhold hin — Dieser stürzte
zu ihren Füssen, und drückte ihre Hand
an sein pochendes Herz —

Ich wollte, sagte Herr Jakob, daß
schon heute Elisabeth wäre! und wisch-
te sich eine Thräne aus dem Auge.

————————

# Siebenundzwanzigstes Kapitel.

Frau Lifel gibt ein Konzert, und ladet den hohen Adel dazu.

Frau Lifel hatte indeſſen fleißig an ihrem Projekte fortgearbeitet. Sie ging
mit der ſchönen Nanette an öffentliche
Promenaden, und führte ſie blos in ſöl-
che Kirchen, wo der höhere Adel ſeine
Andacht zu verrichten pflegt:

Die auſſerordentliche Schönheit dieſes
Mädchens zog freilich die andächtigen
Augen junger und alter Kavaliere an ſich.
Allein, was ſie wollten, wollte Frau Li-
ſel nicht, und was Frau Liſel wollte,
wollten ſie nicht. Es vergingen alſo
Monate, ohne daß ſich ein Fürſt oder
Graf

Graf um die schöne Nanette gemeldet
hätte. Frau Lisel war um so entrüsteter,
da der Termin ihres gegebenen Worts
heran nahete.

Endlich fiel ihr bey, ein Konzert zu ge=
ben. Die schöne Nanette spielte das
Klavier mit viel Geschicklichkeit. Hab'
ich die Kavaliere nur einmal im Hause,
dachte sie, dann muß mir sicher einer kle=
ben bleiben.

Du Schaz, sagte sie zu Herrn Jakob,
ich hab eine Bitte an dich, du mußt sie
mir aber nicht abschlagen —

Du weißt ja, mein Engel, versetzte
Herr Jakob, daß ich dir alles thu,
wenn's seyn kann.

Ich

Ich möchte dir gern, fuhr Frau Lisel fort, an deinem Namenstage eine Freu- de machen, und ein Konzert geben; du mußt mir aber erlauben, daß ich dazu einladen darf, wen ich will.

Von Herzen gern, sagte Herr Ja- kob.

Mehr verlangte Frau Lisel nicht. Sie ließ flugs die Anstalten zum Konzert tref- fen, und — den hohen Adel dazu ein- laden.

Dieser belustiget sich ohnehin gern an den Thorheiten des Halbadels, und nahm diesmal die Einladung um so lieber an, da ihm der Wagen mit den Liebes= göttern, und mehr andere Scenen aus

O                    dem

dem Hause des Herrn Jakobs bisher
schon genug zu lachen gaben.

Frau Lisel hatte indessen, aus guten
Ursachen, erst wenige Stunden vor dem
Konzert dem Herrn Jakob von ihrer Ein=
ladung gesagt; nur gab sie der Wahr=
heit etwas Schminke, indem sie ihren
Gemahl versicherte, daß ihr Nachbar, der
Graf, und mehr andere Kavaliere schon
längst das Verlangen geäußert hätten,
die schöne Nanette auf dem Klavier zu
hören.

Herr Jakob sperrte Maul und Augen
bey dieser Nachricht auf — Ich könnte
im Ernst auf dich bös werden, sagte er,
wenn nicht heute mein Namenstag wäre.
So aber will ich dirs verzeihn — Schau
nur;

nur, daß wir keine Schand aufheben;
denn die großen Herren sollen, wie ich
mir habe sagen lassen, alles lächerlich fin=
den, was sie nicht selbst thun.

Hm! sagte Frau Lisel, ich bin doch
auch vom Adel — und über mich sollen
sie gewiß nichts zu lachen finden.

Achte

# Achtunbzwanzigstes Kapitel.

Herr Jakob macht der Frau Lisel eine unver=
hoffte Freude. Wer nicht lacht, wird
doch lächeln.

So sehr man auch im Hause der Frau
Lisel nach dem sogenannten bon ton zu
leben pflegte, so guckte doch aus den
meisten Handlungen, und aus dem gan=
zen Hausetiquet der Bürger durch; es
ist also leicht zu vermuthen, daß es bey
diesem Konzert nicht ohne politische
Schnitzer werde abgelaufen seyn.

Indessen muß man doch der Frau Lisel
nachsagen, daß sie diesmal, den etwas
überladenen Putz der schönen Nanette
ausgenommen, fast gar keine Blößen
gab,

gab, und daß sicher alles nach Wunsch
ausgefallen wäre, wenn nicht Herr Ja=
kob den unglücklichen Einfall gehabt hät=
te, seiner Frau Lisel abermal eine unver=
muthete Freude zu machen.

Er hatte nämlich von einem guten
Freund einige Bouteillen alten Schlibo=
witzer zum Geschenke bekommen, den er
höher als Gold schätzte, und man mußte
sein recht guter Freund seyn, um ein
Gläschen davon versuchen zu dürfen.

Aber heute, sagte er, soll mir eine
ganze Bouteille, und, wenn's darauf
ankommt, auch zwey springen. So et=
was haben die Herren in ihrem Leben
nicht getrunken — — —

Wie

Wie er also merkte, daß Frau Lisel
dem Bedienten wegen der Erfrischungen
Wink gab, ließ er hurtig die Gläser fül-
len, und, noch ehe Gefrornes und Schokolade zum Vorschein kam, dieselbe unter dem hohen Adel herum tragen; und,
um ja seiner Freygebigkeit keinen Zügel
anzulegen, mußte der Bediente die gewöhnlichen Trinkgläser nehmen.

Die Gläser und die Farbe machten,
daß es jedermann für Wasser hielt, und
Frau Lisel war selbst dieser Meinung. Es
fand sich also kein Liebhaber, und der
Bediente wollte schon wieder zur Kredenz
zurück kehren, als ihm eine Dome, der
ihr Nack bor etwas zu warm machte, ein
Glas abnahm.

Sie

Sie hatte es aber kaum am Mund, so schrie sie, Himmel! und lag in Ohnmacht. Ihr Nachbar griff nach dem Glas, und wollte sie mit kaltem Wasser zu sich bringen, als ihm der Bediente noch in rechter Zeit zu verstehen gab, daß es Brandtwein wäre —

Paf hatte er eine Ohrfeige, und einen Ochsen dazu — Einer Dame Brandtwein, schrie er — —

O mon Dieu! Brandtwein schrien die Damen, und verhielten sich die Nasen.

Brandtwein! Brandtwein! schrien die Kavaliere, und überstimmten mit ihrem Gelächter die Baßgeigi — Frau Lisel stürzte herbey, und als sie den Schli-bowi-

bowitzer roch, gab sie dem Bedienten
ebenfalls eine Ohrfeige, und fiel halbtodt
einem Marquis in die Arme — Der Be=
diente ließ die Taſſe fallen, und begoß
den hohen Adel mit Brandtwein — —

Die Verwirrung war allgemein —
Die Damen ſchrien nach ihrem Wagen,
alles ſtürzte zur Thür hinaus, die Muſik
hörte auf — Herr Jakob ſtand wie ein
armer Sünder da. — Die ſchöne Nanet=
te weinte, und Treuhold ward bis ins
Innerſte gerührt.

Der Flakon des Marquis hatte indeſ=
ſen unſre Frau Liſel wieder zu ſich ge=
bracht. Sie ſchlug die Augen auf, und
wäre beym Anblick des leeren Saales ge=
wiß in eine zweyte Ohnmacht gefallen,
hätte ſie nicht den Marquis erblickt.

Sie

Sie verlangte auf ihr Zimmer. Der Marquis bot ihr den Arm, Herr Jakob ging mit gesenktem Haupt hinter ihnen her, mit dem steifen Vorsatze, daß dies der letzte Eselstreich soll gewesen seyn.

Nun werden meiner theuern Eltern zum Gelächter der Stadt werden, seufzte die schöne Nanette, und stürzte ihr thränendes Haupt auf ihren Treuhold. Dieser suchte sie einigermaßen durch die Vorstellung zu beruhigen, daß man höchstens drey Tage davon reden werde.

———

Neun⸗

## Neunundzwanzigstes Kapitel.

Es tritt ein neuer Liebhaber auf. Herr Ja=
kob thut, was Frau Lisel will.

So aufgebracht Frau Lisel anfänglich
wider Herrn Jakob gewesen, so gut
ward sie ihm, als sie den Marquis Tags
darauf wieder in ihrem Hause sah, und
er ihr in gar nicht zweydeutigen Ausdrü=
cken seine Liebe für ihre schöne Tochter,
und seine Absichten entdeckte.

Sie fing nun an, den ganzen Auftritt
mit dem Schlibowitzer, den sie bisher
mit dem Titel eines dummen Eselstreiches
beehrte, für eine geheime Schickung des
Himmels zu halten. Indessen fand sie
für gut, den Herrn Jakob die Absicht des
Mar=

Marquis nicht merken zu laſſen — ſon=
dern ſagte ihm bloß, daß er ſich die Er=
laubniß ausgebeten habe, ſie öfters be=
ſuchen zu dürfen. Wir ſind dieſem Ka=
valier, ſetzte ſie hinzu, ungemein viel
Dank ſchuldig. Ich läge vielleicht noch
jetzt in Ohnmacht, wenn er nicht gewe=
ſen wäre; dann hat er auch unſere Ehre
bey der hohen Nobleſſe gerettet, und die
Schuld auf unſern Bedienten geſchoben.

So! ſagte Herr Jakob, da ſind wir
ihm freylich großen Dank ſchuldig, und
du darfſt ihm nur ſazen, daß er uns recht
oft beſuchen möge —

Wenn du erſt wüßteſt, was er alles
Gutes von dir ſpricht, fuhr Frau Liſel
fort? Er ſagt, du hätteſt ſo einen ſchö=
nen

nen Karakter, und besonders gefiel ihm
dein plattes, offnes Wesen — —

Ein sonderbarer Mann, erwiederte
Herr Jakob, und ich könnt' ihm schon
blos deswegen gut seyn, weil er dir in
der Ohnmacht beygestanden. Die übrigen großen Herrn sind alle davon gelau-
fen — —

Der Marquis setzte also seine Besuche
fort. Anfänglich zwey, dann drey,
vier und fünfmal die Woche, und endlich
täglich. Er wußte sich auch so gut in
den Herrn Jakob zu schicken, daß er ihm
unentbehrlich wurde.

Herr Jakob liebte das Landleben; aber
die schönsten Gegenden verloren ihren
Reitz

Reitz für ihn, wenn der Marquis nicht
bey ihm war; so schmeckte ihm auch sein
Schlibowitzer nicht, wenn ihm der Marquis nicht Bescheid that.

Man habe nur einmal das Herz eines
Menschen gewonnen, und man kann dann
sicher mit seiner Vernunft machen, was
man will. Der Marquis hatte sich also
durch den Kanal des Herzens so eine un=
umschränkte Herrschaft über den Ver=
stand des Herrn Jakobs zu erwerben ge=
wußt, daß keine Thorheit zu groß war,
zu der er ihn nicht hätte bereden können.
Er gab nun der Frau Lisel Nachricht, daß
das Eisen glüend wär, und Frau Lisel
fing an, es zu schmieden.

Nun, Schatz, sagte Frau Lisel, hab ich
dir's

dir's nicht gesagt, daß der Marquis der
scharmanteste Kavalier von der Welt ist?

Das ist wahr, mein Engel, versetzte
Herr Jakob. Ich hätt's gar nicht ge=
glaubt, daß es unter dem hohen Adel so
einen simpeln und glatten Mann geben
könnte — Und was der Herr gereiset ist!
Ich könnt ihm die ganze Nacht zuhören,
wenn er zu erzählen anfängt — —

Und wie reich er seyn muß! — fuhr
Frau Lisel fort. Man darf nur seine
Equipage ansehen —

Mir hat er sein ganzes Vermögen ent=
decket, sagte Herr Jakob, und sogar auf
der Landkarte die Dörfer alle gezeigt, die
ihm gehören — —

Nicht wahr, mein Engel, fiel
Frau Lisel ein, und rückte etwas nä=
her zu Herrn Jakob, das wär ein
ande=

anderer Schwiegerſohn geweſen, als
Treuhold?

Freylich, ſagte Herr Jakob; aber ſo
ein Herr würde ſich für ſo eine Schwä-
gerſchaft bedanken.

Wenn es aber doch ſo wäre — Mein
Engel?

Was! ſagte Herr Jakob, geh, du
ſcherzeſt —

Frau Liſel verſicherte ihn dann, daß es
ſeine vollkommene Richtigkeit habe, und
da Herr Jakob Einwendungen wegen ſeines Wortes an Treuhold machte, wußte
ſie auch dieſe ſo geſchickt zu heben, daß er
in alles willigte, und ihr die ganze Ausführung überließ.

Drei-

# Dreißigstes Kapitel.

Der Autor nimmt sich des Herrn Jakobs an.

Ein ächter Kriminalrichter und ein Ge=
schichtschreiber haben gleiche Pflichten;
dieser muß für seinen Delinquenten, und
der andere für seinen Helden alle nur im=
mer mögliche Gründe zu seiner Verthei=
digung hervorsuchen. Ich sehe mich also
gezwungen, hier ein Wort zum Besten
des Herrn Jakobs zu reden. Dieser
hatte freilich sein Wort gegen Treuhold
gebrochen; allein der gute Treuhold hat=
te selbst den Stoff dazu geliefert.

So schlau der Marquis nun auch seine
Minen angelegt hatte, so war ihm doch
das Auge des verliebten Treuholds schon
vom

vom Anfange auf die Spur gekommen, und es sey nun, daß man an Leuten, denen man nicht gut ist, tausend schlechte Gesichtszüge entdeckt, oder daß der Mar=quis wirklich die Merkmale seines Karak=ters am Gesichte trug, genug, Treuhold hielt ihm vom ersten Augenblick für einen Schurken.

Sein feuriges Temperament ließ ihn diese Bemerkung nicht bey sich behalten; sondern er gab dem Marquis selbst, und das nicht undeutlich, seine Gesinnungen zu erkennen, und er wäre sicher noch weiter gegangen, hätten die heißen, oft mit Thränen begleitete Vorstellungen der schönen Nanette nicht manchmal den hufbrausenden Jüngling besänftigt.

P                                    Der

Der Marquis hingegen erwiederte jede
bittre Wahrheit mit einem gewissen er=
künstelten Lächeln, und die empfindlichste
Beleidigung war nicht fähig, Röthe in
sein blasses Gesicht zu treiben. Dafür
schrieb er sich aber alles fleißig hinter das
Ohr, und versetzte dann dem edlen Treu=
hold, als er es am wenigsten vermuthete,
den Herzensstoß.

Herr Jakob hatte dem Marquis un=
ter andern auch seine Absicht mit Treu=
hold und seiner Tochter entdeckt. Dieser
schien diese Verbindung anfänglich sehr
zu billigen; ersuchte aber bald darauf
seinen Freund, daß er sich in dieser
Sache nicht überreilen möge, weil er von
Treuhold nicht gar zu günstige Nach=
richt eingezogen hätte — Er habe näm=
lich

lich den Präsidenten von ungefähr von
diesem jungen Manne gesprochen; die=
ser wäre aber nicht für ihn eingenom=
men, und habe sich wohl gar verlauten
lassen, daß er in diesem Falle Herrn
Jakob und seine Tochter bedaure.

Diese Rede aus dem Munde des Mar=
quis, der nun einmal den Herrn Jakob
für ein Orakel galt, mußte diese Achtung
für Treuhold um vieles vermindern, und
Frau Lisel hatte eben keine Riesenarbeit,
ihren Mann dahin zu bringen, daß er sein
Wort zurück nahm.

Ein=

# Einunddreißigstes Kapitel.

Die schöne Nanette ist das Muster einer gut
erzogenen Tochter.

Laßen Sie uns fliehen! schrie Treuhold,
als ihm seine Geliebte den Willen ihrer
Eltern, den Befehl zu ihrer Trennung
kund that — Ihr Vater ist kein Mann —
und Ihre Mutter — — ach — — —

Nein, sagte das holde Mädchen, nicht
fliehen, Theurester — aber ruhig abwarten — — Mußten Sie mich nicht selbst
verabscheuen, wenn ich fähig wäre, meinen Eltern diese Wunde zu schlagen? —
Und glauben Sie wohl, daß ein Weib
ihrem Manne treu bleiben könne, das
ihre Eltern verlassen konnte — ?

Ich

Ich soll Sie alſo in den Armen des
Marquis — dieſes Schurkens ſehen?

Uiberzeugen Sie meinen Vater, daß
der Marquis das iſt, was Sie ihn ſo
oft nennen —

Sein Geſicht — —

O lieber Treuhold, das kann betrie=
gen — Sehen Sie, ſogar das Ihrige
täuſcht; denn nie hätte ich geglaubt, daß
ein Mann mit dieſem Geſichte mir einen
Vorſchlag zur Flucht machen würde —

Himmliſches Mädchen, ſchrie Treu=
hold, vergib — Es war Beleidigung;
aber nie wieder ein Wort davon — Alſo
abwarten wollen wir — aber nicht un=
thätig — Ich eile das zu ſuchen, was ich
längſt hätte ſuchen ſollen, Beweiſe ge=
gen den Marquis — Nur eins mußt du
mir

mir versprechen, theures Mädchen — nur einen Monat Widerstand —

Versprechen nicht, lieber Treuhold — aber meine Eltern bitten — — —

Und wenn sie taub gegen dein Bitten sind?

Dann, o zürne nicht, Theurester — dann werb' ich ein Opfer des kindlichen Gehorsams —


Sie hatte Treuhold bey dieser letzten Rede an der Hand gefaßt, und ihr Haupt an seinen Busen gelehnt — Treuhold aber wand sich los, schlug sich vor die Stirne, und stürzte verzweiflungsvoll zur Thür hinaus.

———

# Zweiunddreißigstes Kapitel.

Die schöne Nanette ist eine erklärte Braut.

Frau Lisel hatte indessen dem Marquis von dem guten Erfolg ihrer Negoziazion Bericht erstattet. Dieser begab sich dann selbst zu Herrn Jakob,

Ey, ey, sagte Herr Jakob — hätt' ich doch nicht geglaubt, daß Sie gegen Ihren Freund und Diener so geheimnißvoll seyn könnten — Der Marquis versetzte darauf, daß er lieber seine Flamme auf immer im Herzen verschlossen, bevor er das Band zwischen der schönen Nanette und ihrem Treuhold zertrennt hätte — Er würde sich auch noch jetzt nicht entdeckt haben, wenn er an der gnädigen

Frau

Frau nicht eine Abneigung gegen dieses
Bündniß wahrgenommen, und nicht voll=
kommen überzeugt gewesen wäre, daß
seine Tochter ihrem Unglück entgegen lief.
Er erzählte darauf noch verschiedene nicht
gar rühmliche Thaten des Treuholds;
bat aber Herrn Jakob, sie bey sich zu
behalten, weil er diesem jungen Manne
nicht gern schaden möchte.

Dann kam es, zu den Punkten des
Heurathskontrakts. Sie waren für die
Braut ungemein vortheilhaft, und der
großmüthige Marquis verlangte bey Leb=
zeiten der Eltern nicht die geringste Mit=
gabe.

Herr Jakob kannte sich vor Freuden
nicht, und Frau Lisel wurde wieder bis

an

an den Busen roth, als sie der Marquis
das erstemal seine très chère Schwie-
germama hieß.

In vierzehn Tagen sollte das Beyla-
ger seyn — Der Marquis äußerte sich,
daß es ihm sehr angenehm seyn würde,
wenn die Sache so still als möglich vor
sich ging, weil seine Anverwandten, die
ihm eine Partie aus einem fürstlichen
Haus zugedacht hätten, leicht durch den
Hof diese Verbindung hintertreiben könnten —

Frau Lisel hätte diese Neuigkeit freilich
lieber in der ganzen Stadt austrommeln
lassen; die Furcht aber, diesen vornehmen Schwiegersohn zu verlieren, legte
ihr dießmal ein Schloß vor den Mund —
Es

Es wurde alles mit der größten Ver=
schwiegenheit zu diesem feyerlichen Tage
vorbereitet.

Indessen ging Frau Lisel, der schö=
nen Nanette in eigener Person den Tod
anzukünden. Man setze sich in die Lage
eines Mädchens, das sich in die Arme
eines Mannes werfen soll, den es ver=
abscheuet, und sage selbst, ob der Tod
dagegen nicht Wohlthat sey?

Frau Lisel malte ihrer Tochter das
grosse Glück vor, das ihrer wartete —
Dann hielt sie das Porträt des Marquis
dem Portät des verabschiedeten Treuhold
entgegen (wobey sie aber zum Gemälde
des erstern die lebhaftesten Farben nahm)
und

unb fragte, welcher von beyden den Vor=
zug verbiene?

Die schöne Nanette hörte ihr mit ehrer=
biethiger Gelaſſenheit zu — bat dann um
einen Monat Aufſchub — und ſagte, als
ihr dieſer abgeſchlagen wurde, blos die
wenigen Worte: „Ich werde auf immer
unglücklich ſeyn, beſte Mama; aber ich
werde ihnen gehorchen.‟

Drei

# Dreiunddreißigstes Kapitel.

Herr Jakob macht wieder einen Eselstreich.

So reizend und anziehend auch die
Schönheit der guten Nanette für jedes
Männerherz seyn mußte, so hatte ihr
Blick und ihr ganzes Wesen doch für Ge=
cken, und alle, denen das Herz nicht
am rechten Fleck saß, etwas Zurückscheu=
chendes. Es war dann auch dem Mar=
quis nicht möglich, länger als einige
Minuten allein in ihrer Gesellschaft zu
bleiben.

Sie begegnete ihm zwar mit Achtung,
sobald er aber von der Heftigkeit seiner
Liebe zu schwatzen anfing — warf sie
einen Blick, der ein Gemisch von Mit=
leid

leid und Spott war, auf ihn, und die
Worte erstickten ihm im Munde. Einst
wagte er's, das Gespräch auf Treuhold
zu lenken — Sie fragte ihn bloß, ob
er Gutes von ihm sprechen wollte? Diese Frage brachte ihn aus aller Fassung —
er zitterte, wie ein Verbrecher.

Der fürchterliche Tag war heran ge-
rückt, als der Marquis zu Herrn Jakob
kam, und selbst einen Aufschub von vierzehn Tagen verlangte. Herr Jakob war
betroffen. Besorgen Sie nichts, lieb-
ster Schwiegerpapa, sagte der Marquis.
Es geschieht alles zu ihrem Besten. —
Sie haben öfters bedaurt, daß meine Güter so weit von hier liegen. Ich habe
also den größten Theil davon hinweg gegeben, und werde mir nun in der Nähe
ein

ein paar hübsche Güter ankaufen. Ich
bin auch mit einem der erſten hieſigen
Fürſten bereits des Handels eines ; allein
ich habe von meinen Verwaltern erſt hun=
dert und achtzig tauſend Gulden erhalten,
und unter zweimalhundert fünfzig tau=
ſend Gulden baar Geld ſchließt der Fürſt
das Geſchäft nicht ab —

Hm! ſagte Herr Jakob — Es fehlten
alſo nur noch ſiebenzig tauſend Gulden?
Für die wollen wir ſchon Rath ſchaffen.
Meine Obligationen betragen bey 50000
— und für das übrige will ich ſchon auf
meinen Wechſel Geld finden — Sie haben
aber doch eine hübſche Jagd beym Gut?
Die koſtbarſte, verſetzte der Marquis.
Nu! das iſt brav, ſagte Herr Jakob —
Da ſey Gott Ihren Haſen gnädig —

Er

Er holte seine Bancobligationen, und ging dann, auch die übrigen 20000 Gulden auf seine Wechsel aufzunehmen.

Ich könnte diese Kleinigkeit leicht von meinem Banquier haben, sagte der Marquis — aber Sie wissen wohl, warum alles geheim bleiben muß —

Herr Jakob hatte noch denselben Tag die ganze Summe beysammen — und übergab sie dem Marquis, der ihm, wegen Leben und Tod, eine Quitung darüber zustellte.

Was das für ein guter Herr ist, sagte Frau Lisel, uns zu Liebe sich ein Gut in der Nachbarschaft anzukaufen — —!

Ich

Ich bleib einmal Winter und Sommer auf dem Gut, sagte Herr Jakob, das ist ausgemacht — —

Und ich, verseßte Frau Lisel, wenigstens den halben Sommer — Gelt, Schaz, du hättst's nicht geglaubt, daß unsre Nanette noch so eine große Frau würde — ?

Das ist wahr, sagte Herr Jakob, aber am Ende habt ihr's doch meinem Schlibowißer zu danken —

Deinem Schlibowißer? schrie Frau Lisel — —

Natürlich, mein Engel: denn hätt' ich nicht den Einfall gehabt, unsre Gäste damit

damit zu bedienen, so wärst du nicht in
Ohnmacht gefallen, und der Marquis
hätte also nichts zu laben gehabt — — —

Das ist wahr, sagte Frau Lisel — aber
der Einfall, ein Konzert zu geben, ge=
hört doch mir —

Indessen hatte Herr Jakob der schö=
nen Nanette von diesem kleinen Aufschu=
be Nachricht gegeben. So eine Freude
kann kaum eine Mutter fühlen, wenn sie
ihr krankes Kind genesen sieht. Sie erin=
nerte sich an Treuholds Versprechen, und
die halbverstorbene Wangen blühten wie=
der so frisch auf, wie die Sommerflur
nach erquickendem Regen.

————

Q.        Vier=

# Vierunddreißigstes Kapitel.

### Der Autor entschuldigt sich abermal.

Meine Leser haben zu viel Verstand, um nicht zu merken, daß es bey dem Marquis auf einen Betrug abgesehen sey; es wird auch wenige unter ihnen geben, die nicht über die 70 tausend Gulden das Kreuz machten, und es dem Herrn Jakob nicht zugleich übel nahmen, daß er so ganz ohne Kopf in die Falle ging.

Indessen läßt sich doch auch hier Manches zu seiner Entschuldigung sagen.

Der Marquis war in Gesellschaft eines ansehnlichen Kavaliers in Konzert gekom-

gekommen. Herr Jakob sah ihn selbst
mit Fürsten und Grafen fahren — Er
hatte in den ersten Häusern Zutritt; da=
bey führte er sich prächtig auf, war
niemanden schuldig, und gab also keinen
Anlaß zu Bemerkungen.

Was aber Herrn Jakob mehr als
alles übrige verblendete, war seine Un=
eigennützigkeit, die er bey jeder Gelegen=
heit zeigte — und ich weiß nicht, ob unter
solchen Umständen nicht mancher wirklich
schlaue Vogel aufgesessen wäre; denn wie
sollte ein ehrlicher Bidermann, wie Herr
Jakob, es sich auch nur träumen lassen,
daß eine Person, den die vornehmsten Ka=
valiere den Zutritt gestatten, mit der sie
fahren, essen, trinken und spielen, ein
feiner Betrüger seyn sollte?

Q 2        Freilich

Freilich war damal der Adel bey der Wahl seines Umganges nicht so vorsichtig, wie jetzt. Ihre Thüren standen jedem Glücksritter offen, sobald er Figur machte, und um hohes Geld spielte. — — —

Fünf-

# Fünfundreißigstes Kapitel.

Herr Jakob faßt einen verzweifelten Entschluß.

Herr Jakob war mit dem Marquis nach dem neuen Gute gefahren; als sie aber ungefähr 9 Stunden von Wien gewesen, ließ ihn der Marquis in einem kleinen Städtchen an der Donau zurück, unter dem Vorwande, daß er vorher mit dem Fürsten, der sich eben auf seiner Herrschaft befände, die Sache in Ordnung bringen, und ihn dann abholen wollte. Zugleich empfahl er ihm, sich gegen Niemanden über die Absicht ihrer Reise herauszulassen, weil der Fürst, bis der Kauf nicht gänzlich geschlossen wäre, die Sache so geheim als möglich gehalten wünschte.

Herr

Herr Jakob versprach alles treulich,
und hielt es. Er hatte seinen Wein und
seinen Schlibowitzer mit sich genommen,
und war also gutes Muths. Als aber
sechs und endlich sieben Tage vergingen,
und der Marquis nichts von sich hören
und sehen ließ, bekam er ein kleines Herz-
klopfen. Noch ahndete er sein ganzes
Unglück nicht; sondern er glaubte blos,
daß dem Marquis eine Unpäßlichkeit zu-
gestoßen seyn müsse — Am achten Tage
endlich kam der Wirth auf sein Zimmer,
und fragte, ob er nicht Jakob Trommler
hieß? So hab ich vor achtzehn Jahren
geheißen, versetzte Herr Jakob — nun
aber heiß ich edler von Trommelsberg —
Das ist mir gleich viel, sagte der Wirth,
hier ist aber ein Brief an den Jakob
Trommler, der vor acht Tagen bey mir
ein-

einlogirte, und das kann kein andrer
seyn, als Sie — hiemit legte er den
Brief auf den Tisch und entfernte sich.

Herr Jakob öffnete ihn, und fand fol-
gende Zeilen:

„Mein lieber Herr Jakob —

„Warten Sie ja nicht länger auf mich
und auf Ihre siebenzig tausend Gulden.
Wir sind beyde über die Grenzen hinaus,
und Sie bekommen schwerlich in Ihrem
Leben was davon zu sehen. Ich hätte
zwar auch gern Ihre Tochter mit eingepackt; allein ich konnte das keusche Ding
zu meinem Plan nicht brauchen. Wenn
Sie wieder einmal zu Geld kommen soll-
ten, so merken Sie sich diese Lektion, und
lernen Ihre Leute besser kennen, ehe Sie
ihnen

ihnen 70 tauſend Gulden anvertrauen —
Auf nimmer ſehen

Ihr vermeinter Schwiegerſohn
der Marquis."


Dies war zu viel für das Herz des ar=
men Mannes — So hintergangen wer=
den, und das von einem Manne, den er
ſo liebte, der ſein Eidam ſeyn ſollte!


Seine betäubte Vernunft überlieferte
ihn der Verzweiflung.  Dieſe riß ihn mit
ſich fort, und der Unglückliche ſtürzte ſich
in die Donau.

# Sechsunddreißigstes Kapitel.

Herr Jakob wird durch einen sonderbaren Zufall gerettet.

Sie werden sich wohl noch daran erinnern, daß Herr Jakob nie lange in was immer für einen Affekt ausharren konnte: Er befand sich also kaum im Wasser, so fing ihn dieser tolle Schritt zu reuen an; allein, wenn je eine Reue zu spät ist, so ist es gewis diese. Er hätte auch sicher vergeblich an seiner Rettung gearbeitet, wär ihm nicht ein ausserordentlicher Zufall zu Hilfe gekommen.

Doch ich bitte Sie, sich ja nicht den Kopf darüber zu zerbrechen; denn wenn Sie auch alle bis an das Ende Ihres Lebens

bens darüber nachdächten, so sind Sie
doch nicht im Stande, diesen Umstand zu
errathen.

Ich will Ihnen also kurz sagen, wie
sich die Sache verhielt

Ich weiß nicht, ob Sie auch davon gelesen haben; aber es gibt sicher Menschen, die so sonderbar gebauet sind, daß
sie, sie mögen sich noch so sehr Mühe geben, nicht weiter als über den Bauch im
Waffer untertauchen können. Das Waffer trägt sie also in gerader Richtung auf
seinem Rücken, und sie dürfen sich blos
der Hände zum Rudern bedienen.

Von dieser Art Menschen war nun
Herr Jakob, ohne es zu wissen. Er erstaunte

staunte also nicht wenig, als er sich bis
ober dem Bauch mit dem Leibe auſſer
Waſſer befand, und sich sanft von den
Wogen gegen das Ufer hingetragen fühl=
te — Das könnte wohl auch ein Mirakel
geweſen ſeyn, werden Sie sagen.  Herr
Jakob hat sich , wie er erſaufen ſollte,
vielleicht irgend wohin verlobt? —

Ich muß Ihnen eingeſtehen, daß es
Herr Jakob ſelbſt für eines gehalten ha=
be, bis ihm ein Freund, der von ſolchen
Menſchen gehört oder geleſen hatte, den
Irrthum benahm.  Er brachte nämlich
Herrn Jakob in einer von seinen Ver=
nunftperioden dahin, daß er unter gehö=
riger Vorſicht einen Verſuch machte, und
seit dieſer Zeit wirkte Herr Jakob dies
Mirakel, so oft man wollte.

Es

Es war dem armen Herrn Jakob nun
freylich sehr angenehm, sich wieder auf
trocknem Land zu sehen; sobald er aber
an seine 70 tausend Gulden dachte, wär
er lieber noch einmal in die Donau ge=
sprungen.

Indessen kehrte er doch langsam nach
dem Wirthshaus zurück, und da nichts
anhaltend Eindruck auf ihn machte, so
verjagte sein Leichtsinn die schwarzen
Wolken der Melankolie guten Theils,
und eh er noch in Wien anlangte, hatte
er sich schon so gelassen in sein Schicksal
ergeben, daß er der Frau Lisel mit ziem=
lich kaltem Blut und sogar mit Laune ihr
Unglück ankünden konnte.

Sieben=

# Siebenunddreißigstes Kapitel.

Man macht die Leute immer reicher als
sie sind.


Bis Herr Jakob nach Wien kommt,
kann ich meinen Lesern immer von den ei=
gentlichen Glücksumstanden dieser Fami=
lie Rechnung ablegen. Dies gehört mit
zur Sache.

Man pflegt reiche Leute immer un=
gleich reicher zu machen als sie sind, und
da galt denn auch Herr Jakob in ganz
Wien für einen Mann, der es nach den
Hunderttausenden hatte. Im Grund
aber machten die siebenzigtausend Gul=
den, die der Herr Marquis mit sich
nahm, sein ganzes Vermögen aus.

Es

Es war anfänglich zwar um einige tau=
send stärker; da aber die Zinsen für den
großen Aufwand nicht mehr hinlangten,
und Frau Lisel oft, und das ziemlich un=
glücklich spielte, so ging es nach und nach
über das Kapital her.

Dieser eben nicht sehr günstige Um=
stand, vorzüglich aber der mit dem Mar=
quis gar nicht harmonirende Gemüthska=
rakter der schönen Nanette, mögen dann
die Ursache gewesen seyn, daß dieser sei=
nen Plan änderte, und lieber das Bene=
ficium ohne das onus: das Geld ohne
die Tochter nahm.

———

# Achtundbreißigstes Kapitel.

Es folgt Traurigkeit auf Traurigkeit.

Frau Lifel lag nun faft den ganzen Tag am Fenfter, und erwartete mit jeder Mi= nute die Rückkunft ihres vornehmen Schwiegerfohnes, und ihres Mannes; über das Geficht der fchönen Nanette aber fing fich wieder tiefe Schwermuth auszubreiten an. Die letzte Frift war nun auch bald vorüber, und noch fah und hörte fie nichts von Treuhold — —

Endlich kam Herr Jakob bey feinem Haufe an; aber nicht mit der prächtigen Equipage des Marquis, fondern in ei=

ner=

ner alten Bauernkalesche, die ihm der Wirth vermiethete.

Frau Lisel erschrak, und noch mehr, als sie ihren Mann in einer ungekämmten Perrücke, und mit entstelltem Gesichte aussteigen sah —

Ist dem Marquis ein Unglück zugestossen? schrie sie, als Herr Jakob in's Zimmer trat —

Ich denke nicht, sagte Herr Jakob — Ich glaube vielmehr, daß es ihm recht gut gehen wird —

Warum hast du ihn denn zurückgelassen? sagte sie.

Er hat mich zurückgelassen, mein Engel, sagte Herr Jakob — — —

Du bist aber doch auf dem Gut gewesen? mein Schaz —

R

O ja, so gut als er —

Nun! wie gefällt's dir denn? Haft
du schon Hasen geschossen? — —

Nein mein Engel, verseßte Herr Ja=
kob, Hasen nicht — aber Böcke in
Menge — Er sagte dies mit einem ge=
wissen Lächeln, das Frau Lisel noch nie
an ihm sah.

O, fiel sie ein. Ich sehe, daß dem
Marquis ein Unglück begegnet ist — und
du willst mir's nicht sagen —

Ihm nicht, sagte Herr Jakob, wenn
du mir aber versprichst, daß du nicht in
Ohnmacht fallst, so will ich dir alles er=
zählen —

Frau Lisel hielt also ihren Flakon vor
die Nase, und horchte zitternd auf —

Der Marquis ist fort — sagte er —

Fort,

Fort, schrie sie, und unsre siebenzig
t*a*end Gulden?

Die hat er mit in fremde Länder ge-
f*ü*rt; darauf sagte er ihr, wie sich die
*Sa*che verhielt, sogar den Inhalt des
*Brief*ts, und daß er sich ersäufen wollte,
*aber doch*, setzte er hinzu, mein Kind,
*verzi*ch ich ihm noch alles, weil er uns
*uns*re Nanette ließ —

Dieser letzte Gedanke hielt Frau Lisel
*vo*n einer Ohnmacht zurück, in die sie
*ge*n fallen wollte. Aber nicht, weil sie
*ih*re Tochter dieser Gefahr entrissen sah,
*son*dern weil ihr mit einemmale die Idee
*ein*fiel, daß sich am Ende doch noch ein
*and*rer grosser Kavalier für sie finden
*d*ürfte.

Allein

Allein gleich darauf erinnerte sie sich
daß nun ihr ganzes Vermögen hin, daß
die Weiber ihrer spotten werden, daß sie
vielleicht wohl gar nach ihrem Städtchen
werde zurück müssen, und diese Vorstellungen preßten ganze Ströme von Thränen aus ihren Augen.

Die schöne Nanette gab indessen bey
dieser Gelegenheit neue Beweise ihrer
schönen Seele. Anstatt, wie es tausend
andere Mädchen an ihrer Stelle gethan
hätten, sich darüber zu freuen, daß sie
nur des Marquis los geworden, klagte
sie sich als die Hauptquelle von dem Un-
glücke ihrer Eltern an. Sie glaubte, daß
der Marquis vielleicht diesen Schritt
nicht gethan hätte, wenn sie ihm gefälli-
ger begegnet wäre.

Wie

Wie gern, seufzte sie, wollte ich das Opfer seyn, wenn nur meine lieben Eltern nicht mit leiden dürften.

———

Neun

# Neunundbreißigstes Kapitel.

Ein neuer Unglücksstreich schlägt Herrn Jakob zu Boden.

Herr Jakob war eben damit beschäfti-
get für seine Landwirthschaft einen Käu-
fer zu suchen, als ihm sein Freund berich-
tete, daß der Bliz sein Haus, und seinen
ganzen Vorrath verzehrt habe —

Dieser Streich schlug ihn zu Boden —
Dieses Geld hätte vielleicht für die Hälfte der Wechselschuld hingereichet — —
nun war er gänzlich zu Grund gerichtet — Er sah nichts als Gefängniß und
Schande vor sich.

Im ganzen Haus herrschte also eine
alge-

allgemeine Traurigkeit. Die Tischfreun=
de hatten bereits das Fugiamo! gesun=
gen; die vom Herrn Jakob Wohlthaten
empfingen, waren nun unverschämt ge=
nug, ihm unter die Nase zu lachen; der
Wechsler hatte bereits auf die besten
Effekten Beschlag gelegt, und war eben
im Begriff sich der Person des Herrn
Jakobs zu versichern, als ein unvermu=
theter Erlöser kam.

Letztes

# Letztes Kapitel.

Alle werden glücklich — und der Roman hat
ein Ende.

Es war der gute Pfarrer — Herr
Jakob und Frau Lisel wagten es nicht,
ihn anzublicken — Lieben Kinder, sagte
er, ich komme nicht, euch Vorwürfe zu
machen — Was nützen Vorwürfe, wenn
die Sache einmal geschehen ist? Ich
komme euch zu helfen. Das Uibel ist
aber etwas groß, deßwegen hab ich noch
einen Arzt mit mir gebracht, der die
Kunst vielleicht besser als ich versteht —
Er winkte, und Treuhold trat herein —
Das erste, was er that, war, daß er
dem betroffenen Herrn Jakob seine Wechsel von den aufgenommenen 20 tausend

Gul-

Gulden überreichte — Sie sind nun
mein Schuldner, sagte er — allein ich
verlange Kaution — dabey blickte er
nach seiner Geliebten hin, die ihm ver=
stand, und ihm mit der Huld eines En=
gels entgegen lächelte.

Die sollen Sie haben, sagte der Pfar=
rer; aber Sie müssen sich mit dieser be=
gnügen — hier nahm er die Hand der
schönen Nanette, und legte sie in Treu=
holds Hand —

Den nämlichen Augenblick lagen Herr
Jakob und Frau Lisel dem Pfarrer zu
Füssen, und Treuhold und Nanette mit
ihnen. Sie benetzten seine Hände mit
Thränen des Dankes — Die Scene war
stumm — aber rührend.

Ihren

Ihren Segen, theureſte Eltern, ſagte
endlich die ſchöne Nanette—Jakob legte
die Hand auf ſie, und Frau Liſel zerfloß
in Thränen —

Man weint nicht immer. Das Geſicht des Herrn Jakobs ward bald ſo hei-
ter, als hätte er ſiebenzig tauſend Gulden gewonnen; und die Thränenſündflut
der Frau Liſel nahm endlich auch ein Ende. Treuhold gewann alſo Zeit, ihnen zu
erzählen, daß er in Amtsgeſchäften hätte
verreiſen müſſen, daß er ſeiner Geliebten
davon Nachricht gab, daß aber ſein Brief-
chen, wie er nun gewiß wüßte, von dem
Kammermädchen dem Marquis wäre
übergeben worden. — Er habe noch
vor ſeiner Abreiſe von einem Bedienten
des Marquis durch Geld herausgebracht,
daß

daß sein Herr nichts weniger als ein
Marquis sey, und daß er sich blos durch
falsches Spielen erhielt. Seine Abreise
hätte ihm aber nicht erlaubt, eine ge=
richtliche Untersuchung darüber anstellen
zu lassen. Indessen wären seine Verrich=
tungen gerade in der Gegend des Herrn
Pfarrers gewesen, und da er diesen schon
in Herrn Jakobs Haus gesehen, so habe
er ihm die ganze Sache entdeckt, und
ihn gebeten, diese unglückliche Heurath
zu hintertreiben. Dieser wäre dann end=
lich auch mit ihm nach Wien gereiset;
allein das Unglück wäre bereits geschehen
gewesen, und da sich der Betrieger nach
einem Lande geflüchtet hätte, wo jeder
Schurke, der Geld mit sich bringt, Schutz
und Sicherheit genießt, so wär' auch al=
les weitere Nachstellen überflüßig gewe=
sen.

sen. Nach dieser Erzählung, die natürli-
cherweise ungleich weitläuftiger war, als
ich sie hier anführe, nahm endlich der
Pfarrer das Wort. Ich habe mir zwar
vorgenommen, sagte er, nie meine Hände wieder in Heurathssachen zu mischen;
und doch bin ich hier abermal Unterhändler gewesen.

Es sey, fuhr er fort; ich will wenigstens so gut, als möglich, dafür sorgen,
daß doch diese gut ausfalle.

Ich bin bey Siebenzig, und brauche
wenig. Ich habe keine Verwandte und
meine Kirche ist für das, was eine Kirche seyn soll, reich genug. Mein ganzes
kleines Vermögen soll also euch gehören.
Aber ich möchte in meinen alten Tagen

gern einen guten Freund um mich haben.
Zwar nicht eben in meinem Dörfchen, sag=
te er; aber nur ein viertel Stündchen von
mir ist ein Mayerhof — — er sah Herrn
Jakob an — — — Dieser verstand ihn,
und lag ihm am Hals — — Ich will bis
an das Ende meines Lebens bey Ihnen
bleiben, sagte er — und wenn meine Lisel
nicht will, so soll sie meinetwegen bey
meiner Tochter wohnen. —

Wo mein Jakob ist, sagte Frau Lisel,
da bleib ich auch — und eh ich in Wien
blieb, ging ich in einen Wald.

Es endigte sich also alles auf die na=
türlichste Art von der Welt — Die schöne
Nanette bekam ihren Treuhold; Herr
Jakob und Frau Lisel aber bezogen die
Mayerey

Mayerey — Alles lebte vergnügt. Treu=
hold, besuchte sie öfters. Frau Lisel legte
ihren lächerlichen Adelstolz ab, und ward
zur besten Hauswirthin. Herr Jakob zog
wieder seine runde Perrücke hervor: ——
schoß nun keine Böcke mehr, sondern
wirkliche Hasen, und sagte, wenn er so
auf sein vergangenes Leben zurückblickte:
der größte Eselstreich war doch dieser,
daß ich Reichsritter wurde.